# シリーズ人間科学 巻頭言

一九七二年に私たちの「人間科学部」が大阪大学に生まれました。私たちの人間科学部は、心理学、社会学、教育学を中心に、哲学、人類学、生理学、脳科学などの文系から理系までの幅広い学問分野が交り合いながら、「人そのものと、人が営む社会」の理解を深めるために生まれた学部です。一九七〇年に大阪大学の近くで、大阪万博が開催されましたが、その当時は、技術の進歩や好況な経済の中で日本が沸き立っている最中でした。人々の暮らしもどんどん豊かになり、社会の営みも変わっていきました。そのような中で、私たちは、人々の暮らしの現場に寄り添い、課題を発見し、解決を目指しながら、新しい学問領域の「人間科学」を育て始めました。

それから五〇年近く経過し、私たち大阪大学人間科学部・大学院人間科学研究科の研究者はそれぞれの専門性を深めると同時に、他の学問領域の視座も取り入れることで、人の心、身体、暮らし、社会、共生を探究しながら、それぞれが自らの「人間科学」を作り上げようとしています。その成果を多くの方々に触れていただくために「シリーズ人間科学」を刊行することにしました。そして、「シリーズ人間科学」は人間科学部設立当時からある

「人間科学とは何ですか?」という疑問への現時点における私たちからの回答の一つです。

「シリーズ人間科学」の第三巻のタイトルは『感じる』です。人は、楽しい、かわいい、騒がしい、危ない、違う、悪い、正しい、親しい、などさまざまな場面で、実にいろいろな感じ方をしています。そこで、「感じる」をテーマに、一一人の研究者が集まり、それぞれの立場から原稿をまとめ上げました。「感じる」を多様な視点から見つめた本書が人間理解につながることを、読者の皆さんにも実感していただけると思います。

「シリーズ人間科学」は第一巻として『食べる』、第二巻として『助ける』を刊行しました。第三巻の『感じる』に続いて、「学ぶ・教える」、「病む」、「老いる」、「争う」のように、人の「こころ」と「からだ」と「くらし」を表すタイトルを持つ続巻の刊行を予定しています。どの一冊も、あるいは一冊の本のどの章も、私たちの「人間科学」であり、人間の理解につながるものであると思います。「シリーズ人間科学」を通して、読者の皆さんと私たちの交流が、お互いに刺激的で、創造的に発展することを願っています。

大阪大学大学院人間科学研究科
「シリーズ人間科学」編集委員会

# まえがき

人工知能（ＡＩ）やロボットの開発が急ピッチで進められている。その発展は私たちの生活を豊かにする反面、いま人間が行っている仕事の多くが近い将来ＡＩに奪われてしまうという予測もなされている。長い間、サイエンス・フィクション（ＳＦ）の話であったことが、突如として現実味を帯びてきた。

未来の世界は恐ろしいのか、それともバラ色なのか。みなさんはどう考えるだろうか。イメージする未来の姿には、その人の持つ「人間観」が色濃く反映されている。

シリーズ人間科学の第三巻は、「感じる」をめぐる一一章からなる。大阪大学人間科学部・人間科学研究科に所属するさまざまな分野の研究者に執筆を依頼した。

なぜ「感じる」なのか？　その意図を最初に説明しておきたい。

一九七二年に大阪大学人間科学部が作られたとき、これからは「人間」の時代がくると期待されていた。一九五〇年代に始まった戦後の高度経済成長が、オイルショックによって終焉を迎えようとする時期である。急速な工業化に伴い、環境破壊が起こり、公害などの社会問題も生まれてきた。経済的には豊かになったが、さてこれからどうするのか。そういった問いに答えるために、人間科学部は創立され、多くの学生を引きつけるとともに、多くの人材が輩出した。

それからおよそ五〇年が経ち、私たちを取り巻く環境は大きく変わった。一番の違いは、「人間は特別だ」という特権意識が揺らいできたことだろう。二〇世紀であれば、産業機械はいかに優れていても、気の利いた道具の域を出なかった。人間と機械を対比させることはあっても、その根底には「人間は比類のない存在である」という暗黙の安心感があった。

しかし、現在はどうだろう。自分に似て、しかも自分より優れた部分もあるAIやロボットが登場し、驚くほどのスピードで進化を遂げている。「人間とは何か」という古典的なテーマが、「私たちはこれから何をして生きていけばいいのか」という現実的な問いと初めて結びついた。それを解くカギを握るのが「感じる」だという見立てによって、この巻は編集された。

本書は三部構成になっている。第一部の「一人で感じる」では、個人の内部で生じるさまざまな現象を取り上げた。「ずれを感じる」「存在を感じる」「音を感じる」「好みを感じる」という四章からなっており、知覚や認知、脳活動といったテーマを扱う。

第二部は、「人と人の間で感じる」と題して、社会的関係におけるいろいろな現象を解説した。「他者を感じる」「他人の目を感じる」「リスクを感じる」「正義を感じる」の四章があり、他者の気持ちを感じとる共感の働きや善悪の価値判断に至るまで、心理学の視点から論じている。

第三部「地球規模で感じる」は、個々の集団を超えた社会と社会の関係にまつわる問題を論じた。「国を感じる」「異文化を感じる」「音楽を感じる」の三章からなる。最後がなぜ音楽なのかについての答えは、自分で読んで見つけてほしい。

それでは、「感じる」の旅を始めよう。

責任編集者　入戸野　宏・綿村英一郎

# 目次

# 第1部

# 一人で感じる

# 第１章　ずれを感じる

入戸野　宏

## １　ずれとは何か

この本が「ずれを感じる」という章から始まるのを奇妙に思う人がいるかもしれない。読者の皆さんが感じているのは、ページに書かれた文字であったり、持っている本の重さであったり、聞こえてくる話し声であったり、何か具体的なものであろう。それにくらべて、ずれは捉えどころがない。ずれているよりも、ぴったり合っている方がよさそうに思える。

「ずれ」というのは、不思議な言葉である。漢字表記もない。『日本国語大辞典』（小学館）には、動詞「ずれる」の連用形が名詞化したものであり、「位置や時期、考えなどが、標準・基準からはずれて合わないこと。くいちがい。」と書かれている。「はずれる」という語と似ているが、文語はそれぞれ「ずる」「はづる」なので、直接の関係はなさそうである。学術用語では、ずれのことを誤差（error）とか逸脱（deviance）とか呼ぶ。

ずれを感じることは、私たちが生きていく上で、とても大切な役割を果たしている。ずれがあるとわかるのは、私たちが何らかの基準を持っているからである。その基準はあまりに当然のことなので、ふだん意識されることはない。基準とのくいちがい（ずれ）を経験してはじめて、自分がそれまで何であったかを内省することができる。図１-１のように、誰かと話をしていて、ずれを感じることがある。どうも話がかみ合わない。相手がおかしいのか、自分が間違っているのか。どちらの場合であっても、ずれを感じることは、今の自分自身に気づくきっかけとなる。

この章では、ずれを感じるときに起こる脳の反応について紹介する。脳の働きそのものが意識にのぼることはないが、それを客観的な方法で記録し図示することができる。ずれに対する脳の反応を目に見える形であらわせば、私たちの中にいろいろな基準があることが明らかになるだろう。

図1-1　ずれを感じることは今の自分に気づくこと

## 2　ずれ検出器としての脳

ヒトの頭皮上に二つの電極を貼りつけると、その間の電位差（電圧）を記録できる。マイクロボルト（μV、一ボルトの一〇〇万分の一）の単位で起こるとても小さな変化であるから、増幅器（脳波計）を使って何万倍にも拡大してようやく見えてくる。生命と電気が関連することは、一八世紀後半から知られていた。イタリアの医者ガルヴァーニは、一七八〇年頃に金属片を触れ合わせたカエルの足がけいれんすることを発見し、筋肉を収縮させるのは生体から出る電気であると考えた。一八七五年にはイギリスのケイトンが生きた動物の脳から電気信号が記録できると学会で報告した（当時は技術がなかったので、その記録は残っていない）。一九二四年になるとドイツのベルガーがヒトの脳から電気活動を測定しはじめた。その報告はしばらく無視されていたが、一九三四年にイギリスのエイドリアンとマシューズが再発見したことにより、世界的に認められるようになった。

ヒトの脳から測定される電圧は小刻みに振動している。その変化を記録紙の上にペンで描くと波のように見えることから「脳波」と呼ばれる。振動の大きさを「振幅」と呼ぶ。目覚めているときに最も明瞭に見えるのは、アルファ波と呼ばれる脳波である（図1-2）。一秒間におよそ一〇回振動し、目をつぶってリラックスしているときに振幅が大きくなる。目を開けて何かを考えているときにはもっと速くて小さい波（ベータ波）が、うとうとする入眠期にはもっとゆっくりな波（シータ波）が認められる。脳波は、生きているかぎり多かれ少なかれ発生している。脳波活動の消失は脳死を意味する。[9]

このように、脳は自発的に活動を続けている。脳は成人体重のおよそ二%（六〇キロの人なら一・二キロ）であるが、身体全体で使われるエネルギーの約二〇%を消費していると言われる。頭を使って何か作業をしているときでも、安静時と比べて、血流量は多くても五〜一〇%程度しか増えない。さらに血流量が増えても酸素があまり消費されないので、エネルギーの源であるグルコース（ブドウ糖）が完全に分解されない。そのため、実際のエネルギー使用量の増加は〇・五〜一%程度だと推定されている。[11] このように、脳はぼんやりしているときにも多くのエネルギーを消費している。そこで何をしているかというと、端的に言えば、ずれを感じる準備をしているのである。

脳の中で起こっている自発的な電気活動は、それまでとは違う何か（ずれ）を検出することで変化する。ずれがなければ自発的な活動を続けてもよいが、内外の環境が変わったら、それに気づいて反応しなければ、生存にとって不利となる。ここで大事なのは、脳は何かが起こってから動き始めるのではなく、すでに動いている状態から、変化（ずれ）に対して反応しているということである。スポーツ選手が自発的にウォーミングアップをしてから競技に臨むように、脳も自分で活動を続けながら、変化に対応しているのである。

刺激だけでなく、運動を開始するなど、特定の出来事（事象）に関連して起こる脳波の変化

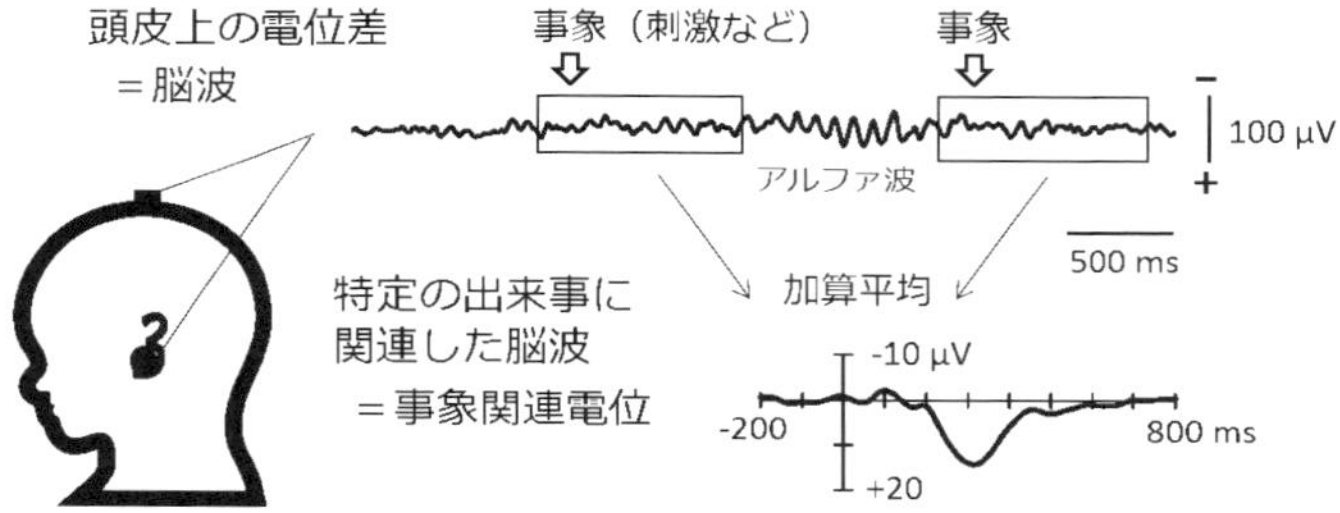


図1-2　脳波と事象関連電位

を、事象関連電位（event-related potential: ERP）と呼ぶ。事象関連電位は、自発的に生じる脳波に比べて振幅が小さく、数%程度の変化である。大きな波が打ち寄せる海に小石を投げたときにできる波紋のようなものである。そのため、事象関連電位を測定するには、同じ事象を二〇～一〇〇回ほど繰り返し体験させ、事象の前後に生じる脳波を加算平均するといった手続きを行う[5]。

図1-2に示すように、事象関連電位はいくつかの波が連続した形をしている。およそ一〇〇ミリ秒（一〇分の一秒）以内に生じる電位は、感覚受容器に与えられた刺激が大脳皮質に伝わる神経活動を反映している。同じ物理刺激にはいつでも同じような反応が生じる。外部の要因によって生じる電位という意味で外因性電位と呼ぶ。それ以降に生じる電位は、ヒトが刺激にどのように対処するかによって出現の仕方が異なる。刺激ではなく内部の要因によって変わるので、内因性電位と呼ばれる。

## 3　ないことに反応する

ずれに対する脳反応は、内因性電位にあらわれる。ずれのもとになる基準は、私たちの内部にあるからである。予想外の刺激が出たときにもずれを感じるが、そのときの脳反応には、物理刺激に対する反応（外因性電位）も含まれている。ずれに対する反応だけを取り出すには、外因性電位が生じない状況を作ればよい。そこで、起こるはずの事象が起こらなかったときの反応（欠落に対する反応）が研究されてきた。外界の刺激がないことに対する脳の反応は、その瞬間に私たちの中に存在していた「こうあるはずだ」という基準を純粋に映し出している。脳の働きを調べる有効な方法であり、現在でも盛んに研究が行われている[2]。ここでは、筆者らが行った実験から、いくつか例を挙げてみよう。

### (1)　メロディーが途切れたとき

どこからか楽器を演奏する音が聞こえてくる。何気なく聴いていると、練習中なのか、曲のメロディーがときどき途中で止まってしまう。そこにあるはずの音がないと、肩透かしにあったような違和感をおぼえる。その音は頭の中では鳴っているからだ。

このような状況を再現するために、よく知っているメロディー五〇曲を聴いてもらっているときの脳波を測定した[7]。半分の曲は最後まで流れたが、半分の曲では最後の音が一拍半（〇・

七五秒）遅れて鳴った。このように終結音をわざと遅らせて「ため」を作ることは、実際の音楽演奏でもよくある。実験参加者には、それぞれのメロディーがどのくらい調和的であるかを考えながら聴いてもらった。

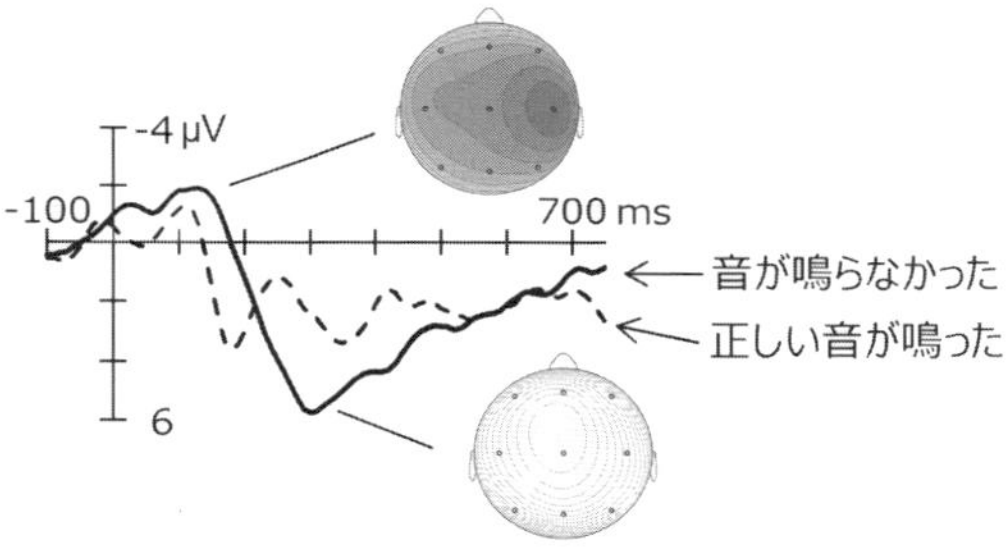


**図1-3　よく知っているメロディーの最後の音が鳴らなかったときの脳電位反応**

頭を上から見た図で、灰色は陰性、白色は陽性の電位を示す。
（Nittono, H. et al.（2000）（引用文献7）より新たに作成）

図1-3に、このときの脳電位反応を示す。上向きが陰性、下向きが陽性の電位である。最後の音が出るはずの瞬間（縦軸）の前一〇〇ミリ秒（〇・一秒）から後七五〇ミリ秒（〇・七五秒）までの波形を示している。音が鳴らなかったとき（実線）は、物理的な刺激がないにもかかわらず、正しい音が鳴ったとき（点線）よりも、大きな反応が生じている。およそ〇・一秒後に陰性電位が、〇・三秒後には陽性電位が生じている。このような反応が生じるのは、音楽を聴いている人が自分では気づかないうちに次の音が出てくるタイミングを予測しているからである。予測からのずれが大きな脳反応を生み出す。刺激があるときよりも、刺激がないときの方が反応が大きいことからも、ずれの検出が重要であることがわかる。

いる。

### (2) ボタンを押しても動かなかったとき

パソコンやスマホを使っていると、操作したのに何も起こらないことがある。マウスボタンをクリックしたのにページが変わらないとか、画面をタップしたのにアプリが立ち上がらないとか、少しイラっとする経験である。この場合も、何も起こらないことに対してずれを感じている。

コンピュータのマウスボタンをクリックすると、その瞬間にピッと音が出る課題を作ってみた[6]。ボタンを押すたびに、高い音か低い音のどちらかがヘッドホンから聞こえる。実験に参加した人には、一～二秒の間隔でマウスボタンをクリックしてもらい、高い音が聞こえたときだけ、キーボードのスペースキーをすばやく押すように求めた。同じような課題を、聴覚ではなく視覚でも作った。クリックするたびに、画面上に○か×の文字が出てくるようにして、×が出てきたときだけ、キーボードをすばやく押すように求めた。さて、この実験にはひとひねりが加えてあった。マウスボタンをクリックしても何も起こらないことが二〇％（平均して五回に一回）の確率で起こったのだ。参加者には事前に、ときどき刺激が出ないこともあるが、気にせずに課題を続けてほしいと説明しておいた。

図1-4に、このとき得られた事象関連電位の波形を示す。縦軸の時点が、マウスボタンをクリックした瞬間である。ボタンを押すだけでも脳電位が発生する。指を動かす運動処理やボタンに触れる感覚処理が起こるからである。その影響を取り除くため、刺激が出てこないことが

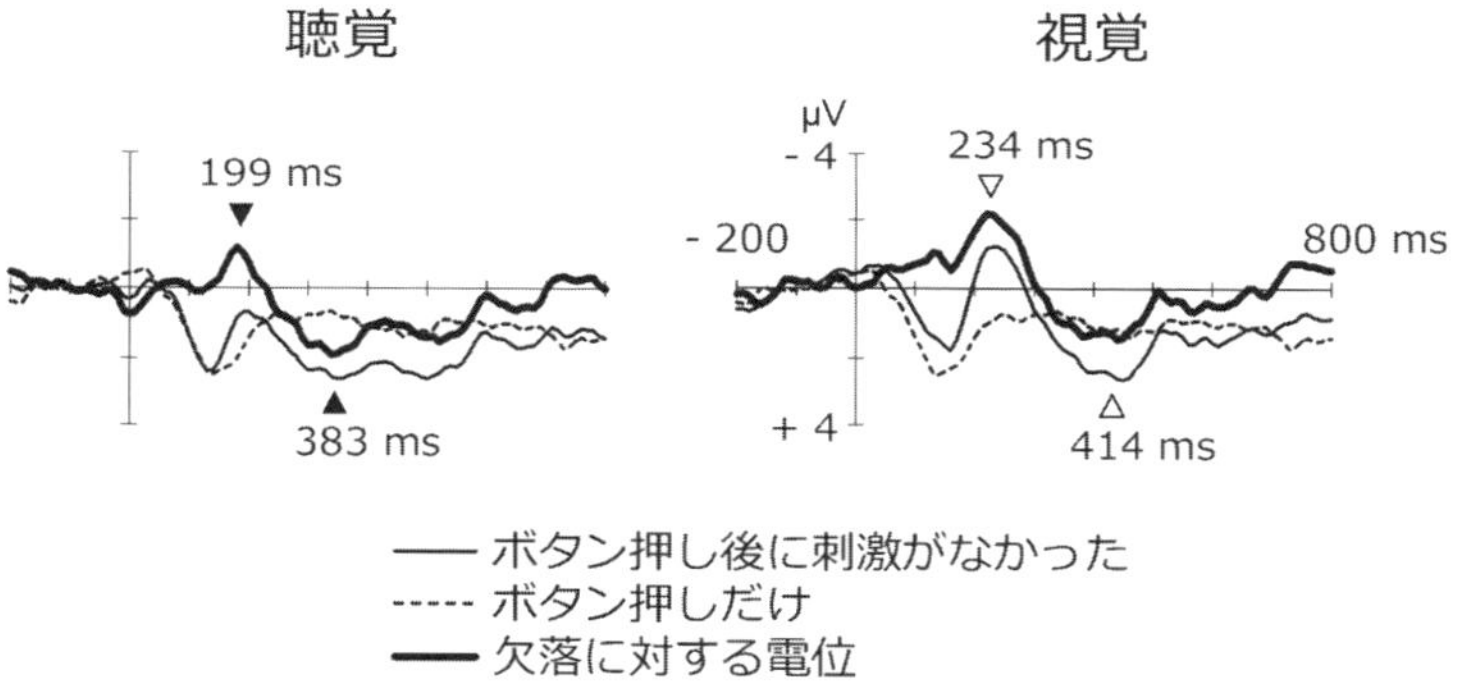


**図1-4　ボタンを押したのに何も起こらなかったときの脳電位反応**
（Nittono, H.（2005）（引用文献 6）より新たに作成）

わかった上でボタンだけ押してもらったときの波形（点線）を求めた。その波形を、ボタンを押した後に刺激がなかったときの波形（細い実線）から引算して、何もないことに対する波形（太い実線）を求めた。刺激が出てこないときはおよそ〇・二秒後に陰性（上向き）の電位が、〇・四秒後に陽性（下向き）の電位が生じているのがわかる。先ほどのメロディーの欠落に対する反応と似ている。面白いことに、聴覚でも視覚でも「何も起こらない」という事象は同じだが、波形が生じるタイミングが異なっている。聴覚の方が視覚よりも四〇ミリ秒ほどはやく生じている。感覚器が刺激されてからその信号が大脳皮質に到達するまでの時間は、聴覚の方が視覚よりも短い。感覚の種類によって予測している内容が違うから、何も起こらなくても、ずれに対する反応が異なるのである。

### (3) 期待したよりも悪い結果が起こったとき

さて、クリックやタップの後に何も起こらなかった場合、機械がおかしいと考えるか、自分が失敗したと思うかで、その後の反応が違ってくる。一〜二秒の一定間隔でマウスボタンをクリックしてもらい、その直後に○が画面に提示されるという課題を行ってもらった[8]。先ほどと同じように、ボタン押し後に刺激が出ないことが平均して五回に一回の確率であった。同じ人に二つの条件を行ってもらった。一つの条件では、刺激が出てこないのはコンピュータの不具合であると説明した。もう一つの条件では、刺激が出ないのはボタンの押し方が悪かったからだと説明した。ボタンを一定の間隔で押せば刺激が出るので、刺激が出るようにボタンを押し続けてほしいと伝えた。実際にはまったく同じ仕組みで刺激を欠落させていたのだが、その意味づけを変えたのである。

なお、このような実験には、ディセプションといって参加者をだます手続きが含まれる。望ましいことではないが、研究目的上やむを得ないこともある。小さなうそであれば、実験が終わった後に、ディセプションの内容とそれを使わなければならなかった理由を参加者に説明して謝罪する。その上で、同意してくれた人のデータだけを分析に用いる。実験参加者を尊重するこのような倫理的配慮は、どんな心理学実験を行うときにも必要である。大きなうそを含む実験は、現在では実施することが認められていない。

さて、この実験の結果を図1-5に示す。どちらの条件でも、ボタン押し後に○が出てこない

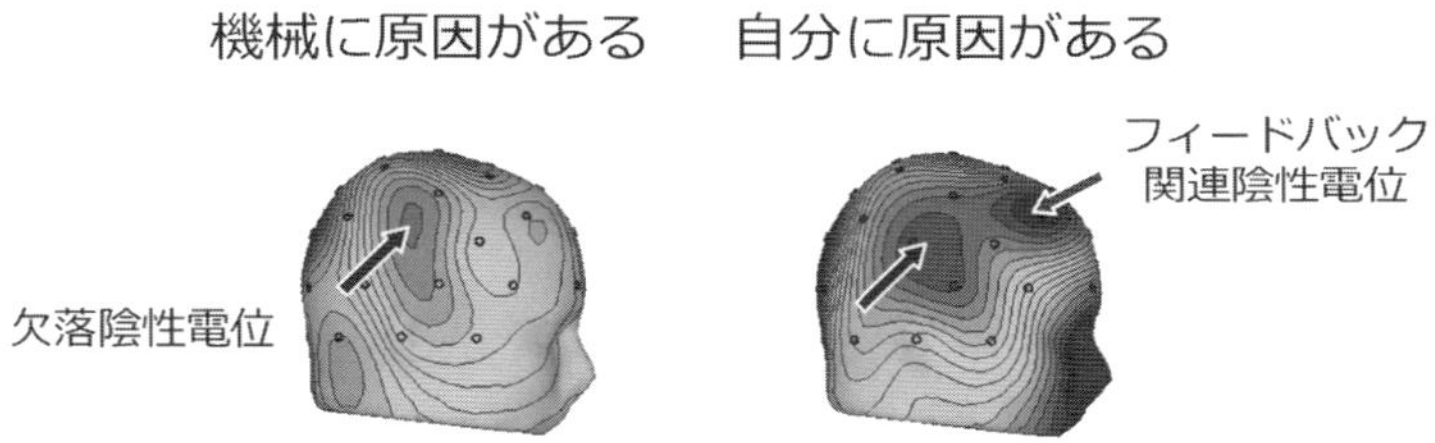


**図1-5　ボタンを押した後に何も起こらないのは自分のせいだと考えたときの脳電位反応**
（入戸野・坂田2009（引用文献8）より新たに作成）

と、およそ〇・二秒後に陰性電位が生じた。これは側頭部で明瞭に認められる。ところが、自分のボタンの押し方が悪かったと思っていた人は、ほぼ同じ時間帯に、前頭部でフィードバック関連陰性電位と呼ばれる反応も生じていた。フィードバック関連陰性電位は、期待したよりも悪い結果が起こったときに生じる脳反応である[10]。自分はうまく行くと思っていたのにうまく行かなかった。そういったずれが起こると、私たちの脳はおよそ〇・二秒で反応するのである。何か悪いことが起こったら、それに対処しなければならない。フィードバック関連陰性電位は、ずれを修正する必要があることを知らせる信号だと考えられている。この実験でも、自分に原因があると思っていた条件では、ボタン押し後に〇が出た（うまくいった）ときよりも、〇が出なかった（失敗した）ときに、次のボタン押し間隔を大きく変更する傾向が認められた。ずれが起こったので、行動を調整したと考えられる。

## (4) 自分が選ばれなかったとき

少し変わった例であるが、社会的な関係でもずれを感じる。あなたがAさんとBさんと三人でキャッチボールしている状況を考えてみよう。ふつうは、ボールを投げたり受けたりする機会が三人で同じくらいになるように考えながら遊ぶはずだ。私たちは公平であることに敏感であり、自分が不当な扱いをされてないかを常にチェックしている。さて、そうやって遊んでいると、AさんがBさんにボールを投げ、BさんはAさんに投げ返した。AさんはまたBさんにボールを投げ、BさんはまたAさんに投げ返した。あなたのところにはボールが回ってこない。何度かそういうことが続くと、仲間はずれにされたような嫌な気持ちになるだろう。

このような状況を実験で再現したのが、サイバーボール課題である。サイバーボール課題を使って、仲間はずれや疎外感についての研究がたくさん行われている。実在の人ではなく、コンピュータが相手であり、それを知っていたとしても、同じように疎外感を感じることがわかっている[13]。

さて、私たちは仲間はずれにされたことにいつ気づくのだろうか。そのきっかけを根源までさかのぼっていくと、相手が自分にボールを投げなかったとき、つまり、相手が自分ではなく他の人を選んだ瞬間にたどり着く。その瞬間に私たちは仲間はずれにされる可能性を検知している。単なる思い過ごしで、しばらくしたらまたボールが回ってくることもある。それでも、自分が選ばれなかったというのは、期待したよりも悪い結果であり、ずれを感じる経験である。

コンピュータの画面上でサイバーボール課題を行っているときの脳波を測定した実験がある。[4]このときの実験参加者は仲間はずれにされていない。相手がボールを持っているとき、実験参加者に投げる確率ともう一人のプレーヤーに投げる確率を同じにしているので、三人が等しくボールを受け取ることができる。客観的には公平であっても、図1-6に示すように、ボールが自分に来なかったときには、先ほど述べたフィードバック関連陰性電位が生じる。自分にボールが来なかったときの波形から、自分にボールが来たときの波形を引算すると、〇・二秒後に「期待したよりも悪い結果が起こった」という信号が生じている。私たちは、ふだんそのような期待をしていることには気づいていない。たとえ気づいていたとしても、「いつでも自分が選ばれると思っている」とは恥ずかしくて言えない。脳の活動を記録することにより、そのような期待が存在していることを目に見える形で示すことができるのである。

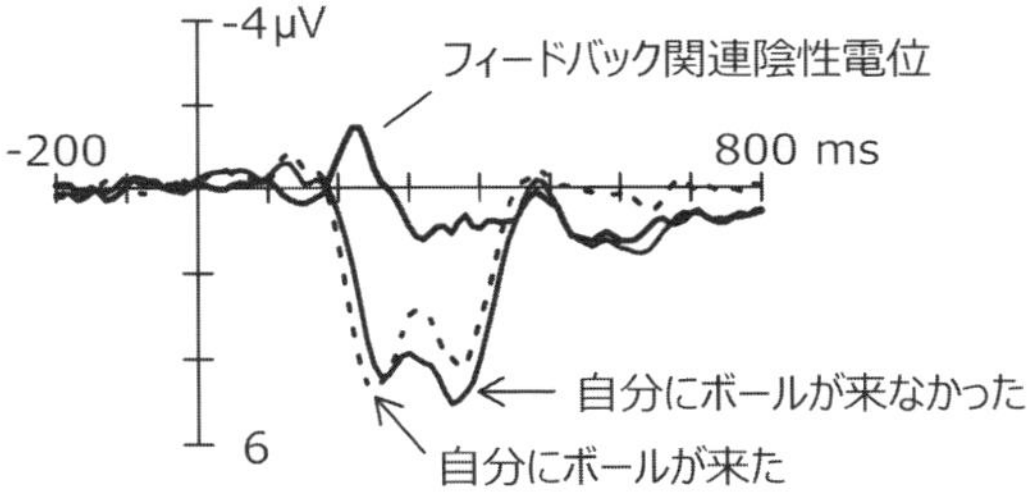


**図1-6　キャッチボールで自分にボールが来なかったときの脳電位反応**
（川本・入戸野・浦 2011（引用文献4）より新たに作成）

# 4　ずれの効用

## (1)　ずれはない方がいいのか

人間をはじめとする生き物には、体内を一定の状態に保つ機能が備わっている。この安定状態のことを、ホメオスタシス（恒常性）と呼ぶ。アメリカの生理学者キャノンが作った言葉である[1]。外気の温度は大きく変化するのに、私たちの体温は一定に保たれている。なぜなら、私たちの身体には、設定された温度があり、それを超えたら熱を逃がし、下回ったら熱を蓄える仕組みが備わっているからである。脳の底面にある視床下部で血液の温度を監視している。汗をかいて水分が蒸発すれば熱が逃げ、全身の筋肉を緊張させれば熱が作れる。おなかがすいたら食べ、のどが渇いたら水を飲むのも、ホメオスタシスを維持する行動である。ずれを検出しずれをなくそうとする働きのおかげで、体内は一定の状態に保たれている。

そうだとすれば、ずれは最初から起こらない方がいいのだろうか。環境の変化を極限まで減らせば、ずれを感じることもなく、安楽に暮らせるかもしれない。一九五〇年代の初頭、カナダのマギル大学では、変化のない環境に置かれた人間の心理と行動に関する研究が行われた[3]。健康な男子大学生に実験室に来てもらい、狭い部屋の中で数日間一人で暮らしてもらった。食事とトイレのとき以外はずっとベッドに寝て過ごし、目や耳はふさぎ、腕にもカバーをつけて、刺激の量をできるだけ減らした。ベッドはやわらかく、エアコンも効いていて、不快な刺激はなかった。さらに一日に二〇ドルがもらえた。カナダ統計局の資料によると、当時のカナダ人男性の平均時給（当時は男女で時給が違っており、男性は女性よりも一・五倍ほど高かった）は一・六ドル程度だったから、一二・五時間分（現在の日本の平均時給で換算すると一三〇〇〇円程度）になる。最初は眠ったり、昔の記憶を思い出したりするものの、二日、三日と経つと、だんだんと集中できない状態になり、イライラするようになった。幻覚を見るものも出てきた。精神機能の異常を反映して、脳波のアルファ波の周波数も低下した。このような実験を現在もう一度行うのは倫理的に問題がある。しかし、実験するまでもなく、似たような結果になることは容易に想像できる。「退屈すぎて死にそう」と冗談で言うことがあるが、不快な刺激がなかったとしても、ずれのない環境は耐え難い苦痛なのである。刺激のない環境は、私たちのふだんの生活とあまりに違いすぎているから、そのこと自体がずれとして感じられるのかもしれない。

### (2)　ずれは面白い

「ずれはよくない」という常識とは反対に、ずれはいつでも不快に感じられるわけではない。前節では欠落に対する脳反応について紹介したが、期待した事象が起こらないことでおかしさが生じることもある。漫才には「すかし」と呼ばれる技法がある。相手がボケて奇異なことを言ったときに、あえてそれに反応しないことで笑いをとる。お客さんにはボケたらツッこむという了解があるから、ずれが起こって面白いのである。吉本新喜劇のギャグ「ドリルすんのか

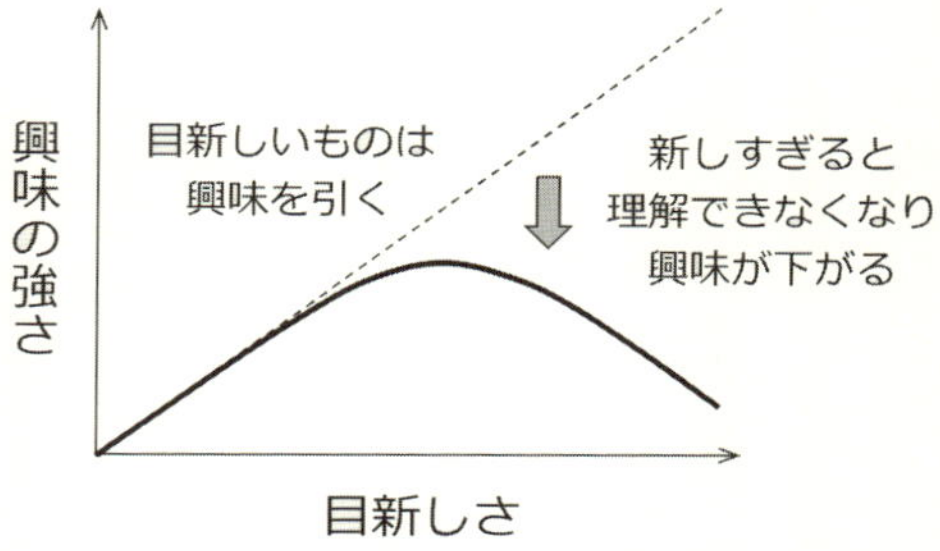


**図1-7　目新しさと興味の強さとの関係**
（Silvia（2006）（引用文献12）の仮説を図示した）

いせんのかい」で、喜劇俳優の吉田裕が言う「来《く》んのか思《おも》たらこっち来《こ》うへんのかい！」も、欠落に対する反応である。相手（すっちー）が繰り返していた動作を突然やめたことを、大げさに訴えて、笑いにつなげている。

ずれは、大きすぎると対処できないし、小さすぎても退屈になるから、「適度なずれ」が望ましいことになる。私たちが何を面白いと思うかは、適度なずれの視点から説明できる。アメリカの心理学者シルビアは、興味の強さは、対象の目新しさ（複雑さや不確かさ、矛盾、あいまいさなどを含む）と対処可能性（理解できるかどうか）の二つの要因によって決まると提案した。[12] 興味というのは、どのくらい興味があるかと直接聞いてみることでも測れるし、その対象にどのくらい接触しようとするか（どのくらい長く見たり聞いたりするか）という行動によっても測ることができる。一般に、ありふれたものは退屈で、少し目新しいものの方が興味を引きつける。しかし、新しくなりすぎると今度は理解できなくなるので、興味は失われる。このように、目新しさと興味の強さには逆U字型の関係がある（図1-7）。どのレベルの目新しさに興味を引かれるかは、経験によって変わる。背景となる知識が増えるほど、より複雑なものでも理解できるようになる。だから、ある分野に詳しくなるほど、複雑なものに興味を持つようになる。ミステリー小説のファンが、ありきたりのトリックでは満足できなくなり、より手の込んだ仕掛けを求めるようになるのもそのためである。「お約束」の展開からのずれを面白いと感じるようになる。その人にあった適度なずれを作り出すことで、興味をひきつけ、退屈しない状態にすることができる。

## (3)　ずれとうまくつきあう

ずれに気づくことは重要であるが、それに敏感に反応しすぎるのは考えものである。例えば、お湯の温度が変えられるシャワーの調節を考えてみよう。冷たい水が出ているからといって、温度つまみを一気にいちばん高く設定したらどうなるだろう。しばらくすると温かくなるが、適温になるのはつかの間で、今度は熱くなりすぎてしまう。それにまた反応して、いちばん低い温度までつまみを回したら、一瞬だけ適温になったあと、また冷たくなりすぎる。

このように、ずれに敏感に反応しすぎると、不安定な状態が起こる。ずれを減らそうとしているのに、いつまで経っても安定しない。このような現象は、反応によって生じる変化の量が大きく、結果があらわれるまでに遅れがあるときに生じる。化学薬品の反応や船の操舵など、変化が加速度的に生じる場合も、このケースに当てはまる。(14)

不安定な状態になるのを防ぐには、いくつか方法がある。一つは、反応の量を減らす、または反応の開始を遅らせることである。ずれを感じたとしても、過剰に反応しないようにすれば、細かなずれは自然に修復されることがある。もう一つは、ずれの絶対量ではなく、ずれの変化の方向性（大きくなっているか小さくなっているか）に注目することである。反応した後にずれが減っているのなら、そこで反応をやめて、そのまま様子を見ておく。そうすれば、やりすぎて不安定な状態になることを避けられる。

逆説的であるが、安定した状態を目指すには、ずれをずれとして放っておくことが有効な場合もある。ずれは不快だから、早くなくしたいと思ってしまう。でも、自然な状態では環境は常に変化するから、ずれ自体がなくなることはない。ずれを感じることは今の自分に気づくことなのだが、目先のずれを減らすことに全力を注ぐのがよいとは限らない。先に述べたように、動けば動くほど不安定な状態に陥ることもある。ずれを感じることとずれに反応することを切り離し、遊びの部分としてのずれを許容するゆとりを持つことが、個人にとっても社会にとっても有用だろう。

## 5　おわりに

ずれを感じることは、生き物に備わった基本機能である。人間はそれについて内省できるから、ずれを体験することで自分の中の基準、自分という存在を再認識できる。すべての学問は、「ちょっと違うな」「何かおかしい」という感じを掘り下げるところから始まる。今まで当たり前だと思っていたことに、「何か違うぞ」とずれを感じ、ずれを減らすように行動することは、人間が成長する原動力になる。大きすぎず小さすぎない適度なずれは面白いと感じられる。さらに、経験を積んで知識を増やせば、より大きなずれを面白いと感じられるようになるだろう。

以下の章では、「感じる」をテーマにした人間科学の話題がさまざまに展開される。中には、難しすぎてわからなかったり、納得できない議論があるかもしれない。そんなときでも、シャットアウトせず、「ずれを感じた」という事実を自覚しながら、そのまま放っておいてほしい。いつかふと思い出し、違った角度から別の見方ができるかもしれない。私たちも成長するし、環境も変わっていくからだ。人間科学の世界は奥が深い。わかったような気がしても、すぐにまた次のずれを感じるようになる。その過程を通じて、自分とは何か、人間とは何かという問いが掘り下げられていく。「わかった」と落ち着いてしまわずに、ずれを手がかりにしながら、少しずつ進んでいってほしい。

## 引用文献

（1）キャノン・W・B（一九八一）．（舘鄰・舘澄江訳）『からだの知恵――この不思議なはたらき』講談社

（2）Heilbron, H., Chait, M.（2018）. Great expectations: Is there evidence for predictive coding in auditory cortex? *Neuroscience*, 389, 54–73.

（3）Heron, W.（1957）. The pathology of boredom. *Scientific American*, 196, 52–56.

（4）川本大史・入戸野宏・浦光博（二〇一一）：集団の中で他者から選択されないことはネガティブに知覚されるのだろうか？――事象関連電位を用いた検討：『生理心理学と精神生理学』二九、三三–四〇

（5）入戸野宏（二〇〇五）：『心理学のための事象関連電位ガイドブック』北大路書房

（6）Nittono, H.（2005）. Missing-stimulus potentials associated with a disruption of human-computer interaction. *Psychologia*, 48, 93–101.

（7）Nittono, H., Bito, T., Hayashi, M., Sakata, S., Hori, T.（2000）. Event-related potentials elicited by wrong terminal notes: Effects of temporal disruption. *Biological Psychology*, 52, 1–16.

（8）入戸野宏・坂田彩（二〇〇九）：応答しないコンピュータに対する事象関連電位に及ぼす教示の効果：『生理心理学と精神生理学』二七、二一五–二二三

（9）大熊輝雄・松岡洋夫・上埜高志・斎藤秀光（二〇一六）：『臨床脳波学第六版』医学書院

（10）小野田慶一・安部哲史・山口修平（二〇一二）：フィードバック関連陰性電位研究の進歩：『臨床神経生理学』四〇、四八–五七

（11）Raichle, M. E., Mintun, M. A.（2006）. Brain work and brain imaging. *Annual Review of Neuroscience*, 29, 449–476.

（12）Silvia, P. J.（2006）. *Exploring the Psychology of Interest*. New York: Oxford University Press.

（13）浦光博（二〇〇九）：『排斥と受容の行動科学――社会と心が作り出す孤立』サイエンス社

(14)　Wickens, C. D., Hollands, J. G. (2000). *Engineering Psychology and Human Performance* (3rd ed.). Upper Saddle River, NJ: Prentice Hall.

## 参考図書

・**藤井直敬（二〇〇五）『予想脳 Predicting Brains』岩波科学ライブラリー**

本章で扱ったずれ（誤差）と脳の働きの関係について、いくつかの例を挙げて説明している。内容は少し古くなっているが、脳を全体として理解するための仮説を提示している。

・**堀忠雄・尾崎久記（監修）（二〇一七－二〇一八）『生理心理学と精神生理学 全3巻』北大路書房**

本章で述べた脳の活動や生理反応の測定についてしっかり勉強したい人は、この教科書を読んでみるといいだろう。現在の日本におけるこの研究分野の全容を知ることができる。

・**トム・スタッフォード、マット・ウェッブ（二〇〇五）（夏目大訳）『Mind Hacks ―― 実験で知る脳と心のシステム』オライリージャパン**

読者が自分で試せるいろいろな心理学実験の例が載っている。現在はインターネットでもさまざまな教材が得られるが、その入り口となる。心の働きの不思議を自分で感じてみたい人にお勧めできる。

# 第2章　存在を感じる

北村　昭彦

## 1　目に見える≠存在を感じる

「百聞は一見に如かず」とはよく知られたことわざである。『岩波国語辞典』（岩波書店、第五版）によると「何度も人から聞くよりも実際に自分の目で見る方がまさっている」という意味である。目で見るということはそれほど強力であり、視覚情報がいかに重要であるかを端的に表している。例えば、自動車運転においては必要な情報の実に九割以上を視覚から得ていると も言われ[2]、作業によっては他のどの感覚よりも重要となる。

では、実際のところ人間の目はどれくらい信用できるのだろうか。例えば、雑踏の中に友人がいたにもかかわらず、声を掛けられるまで気づかなかったという経験を多くの人はしたことがあるのではないだろうか。真正面から歩いてきた友人の顔は間違いなく目に入っていたはずである。しかし、声を掛けられるまでその「存在」は感じられなかったのである。まぶたを上げればたくさんの情報が入ってくるが、適切な情報を手に入れるにはきわめて高度な処理が必要となる。

本章では人間の視覚情報処理の観点から、「存在を感じる」あるいは「感じない」ことによって起こる現象について紹介する。

## 2　視覚情報処理の範囲

そもそも、視覚情報を用いて「存在を感じる」には対象が目に入らないと不可能である。それでは、目に入る範囲はどれくらいなのだろうか。

人間の目は前に向かって横に二つ並んでいる。そのため、縦よりも横の方が視界は広く、横方向の視野は一八〇度を超える。また、首は左右に九〇度ほど回すことができる。したがって、身体を前に向けたままでも首を巡らせば、ほとんど真後ろまで視界に入ることになる。さらに、首は上下にも動くので、身体全体を動かさなくても立体的にほとんどの場所を見ることができるはずである。

しかし、実際には身体を前に向けたまま真後ろを見るというのは非常に困難である。もし、読者の真後ろに本棚があるなら、身体は動かさず首だけを動かして本の背表紙を読み取ってほしい。とても難しいことがわかるはずだ。身体ごと本棚の方に向き直って、真正面から背表紙を見れば、いとも容易く読める。このことは視野の端と中心ではものの見え方がまったく異なっていることを示している。視界の端の方にようやく引っかかる程度の見え方では、何かあるくらいのことはわかっても、輪郭はぼやけ、細かい文字を読み取るのは不可能に近い。そのため、人間が適切に視覚的情報を得るためには、眼球や首などを動かして視野の中心で見たいものを捉える必要がある。

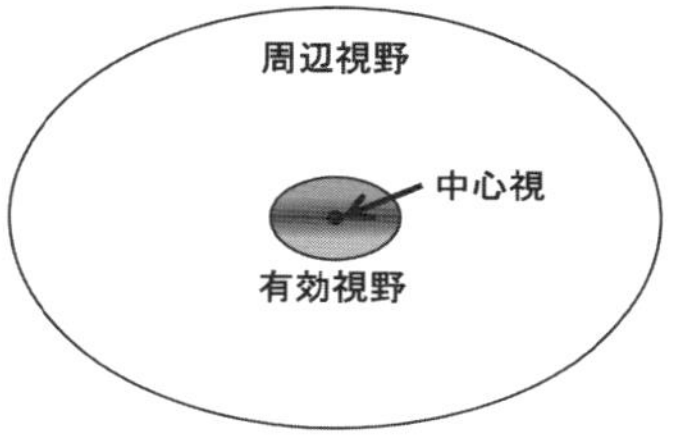


**図2-1　視野のイメージ図**
横方向の広さについて、中心視は約 2°～3°、有効視野は約 4°～20°、周辺視野は約 180°～210°。有効視野の広さは心理的な要因で変化する。

では、細かい情報でも正確に捉えられる範囲はどれくらいの広さなのだろうか。図2-1に視野の広さのイメージ図を示した。人間は見たいものを見るために目の最もよく見える場所をその対象に向ける。まさに目が向いている点のことを「注視点」といい、そこを視野の中心とすると、感度が鋭く、よく見える部分は注視点の周りのせいぜい二度～三度の範囲しかない。[11] この範囲のことを「中心視」といい、きわめて限られた領域でありながら、視覚情報の処理において最も重要な役割を果たしている。一方、それよりも外側の領域は何の役にも立っていないかというと決してそうではない。中心視の周辺には比較的明確に認知することができる領域が広がっている。この領域は「有効視野」と呼ばれている。有効視野の広さは一定ではなく、おおよそ四度～二〇度程度の範囲で広くなったり狭くなったりする。見るべきものが多かったり、アルコールを摂取したり、疲労していたりすると、狭くなる。有効視野よりもさらに外側の領域は「周辺視野」と呼ばれている。この領域でははっきりものを見ることが難しく、細かい認知は望めない。しかし、両手で双眼鏡のような形を作り、それをのぞきながら歩いてみると、とても歩きづらい。これは周辺視野の情報が極端に制限されているためであり、周辺視野から行動に必要な情報が得られることを示している。このように、視野内の各領域は異なる特性を持ちながら、互いに連携して効率的に視覚情報を探索し、処理していくのである。

## ３　目に入っていても気づかないこと

ここまで目がどのようにものを捉えているのかについて概観した。しかし、初めに確認した通り、視野内に入っているからと言って気づくことができるとは限らない。自動車を運転しているとき、急に飛び出してきたボールに目を奪われて、子どもが走って出てきたのに気づかなかったという経験があるかもしれない。子どもそのものは目に入っている。しかし気づかなかったのである。このような現象について、周辺視野では十分にものが見えていないため気づかなかったのだと反論できそうだ。それでは、中心視に入ってさえいれば、必ずものの「存在」を適切に認知することができるのだろうか？　実はそうではないことが多くの実験で示されている。

## (1)　変化の見落とし

見えているはずなのに気づかない例として、「変化の見落とし」という現象が知られている。[13] 読んで字のごとく変化を見落としてしまう現象のことなのだが、特に、ある画像とその画像の一部を変化させた画像を交互に提示したときに、その変化を見逃してしまうことを指す。例えば、写真の中の白いバケツが黒に変わっても気づかないということである（図2-2）。

このことは読者の直感にそぐわないかもしれない。画像の中にあるものの色が急に変わっても、気づかないなどということがあるだろうか？　その直感は正しい。ただ単に元の画像と変化後の画像を交互に見せるだけでは変化の見落としはほぼ発生しない。急激な変化は人間の注意を強制的に引き付けるためである。[16] ところが、元の画像と変化後の画像が切り替わる間に妨害となるような画像が提示されると、たちまち変化が見落とされるようになる。つまり、元画像→妨害画像→変化後の画像という順で提示されると、明らかな変化でも気づきにくくなるの

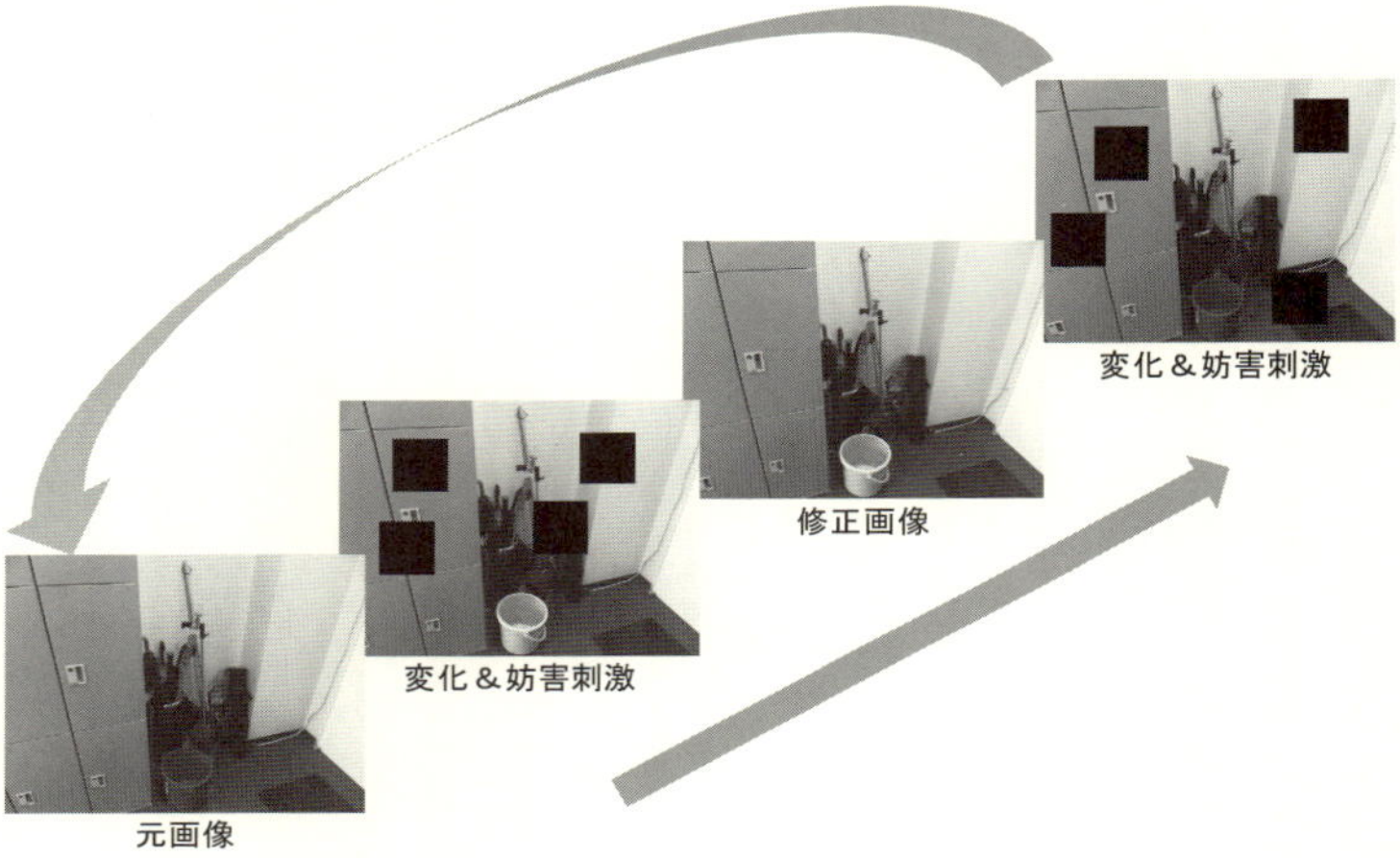


**図2-2　変化の見落としの課題例**

典型的なマッドスプラッシュ法の実験手続き。バケツの色が変化する瞬間に妨害刺激が提示されている。妨害刺激は変化位置を隠していなくてもよい。

である。この妨害刺激は特別なものである必要はない。ただ単に画像を提示している画面がブランクになるだけで十分である。長く提示する必要もない。〇・一秒以下の妨害でも変化の見落としは発生する。この現象は劇的で、画像の切り替えを何度も繰り返し、一分以上変化を見せ続けても気づかないことさえある。また、最終的に変化に気づいたときにはなぜこれほど明確な変化に気づくことができなかったのか、という主観的な驚きを体験することが多い[3]。変化の見落としの課題では、画面の三分の一以上の範囲が変化しても気づかないことがあり、驚くのも当然である。

さらに驚くべきことがある。変化の

見落としでは妨害刺激が提示されるが、この妨害刺激は変化する部分を隠している必要さえないのである。[12] 例えば、図2-2ではバケツの色が変化している。このとき、元画像と一部が修正された画像の間には妨害画像が提示されているが、画像全体を覆っておらず、変化した場所は明確に見えている。そうであるにもかかわらず、変化の見落としは発生するのである。

## (2)　さまざまな変化の見落とし

変化の見落としを発生させるための手法として紹介した二つの手法の内、一つ目の元画像と修正画像の間に妨害画像を提示し、それを何度も繰り返す方式を「フリッカー法」という。何度も画像を切り替えるため、制限時間を設けない限りは最終的に変化を見つけることができる。意図的に変化の見落としを発生させることが容易で、特別な装置も必要ない。研究で使用する分にはきわめてエレガントな方法である。

二つ目の妨害画像が刺激の一部を覆う手法は「マッドスプラッシュ（泥はね）法」と呼ばれている。妨害刺激が画面全体ではなく一部だけを覆うのが特徴である。運転中、泥はねにより窓が汚れて前方の一部が見えなくなる様に似ていることから、マッドスプラッシュという名前が与えられている。これらの方法は主に静止画を使用する方法だが、「カット法」という動画を使う方法もある。[8] 一般的に動画では、シーンの切り替えなどのため、場面が切れることがある。カット法ではこの切り替わりの前後で動画内に登場するものの一部を変化させる手法である。

変化するものが何であれ、かなりの割合で変化の見落としは発生する。動画に登場するたった一人の役者が変化しても見落とすことがあるほどである。より現実的な場面で使用できる手法としては「遮蔽法」が知られている。[14] これは現実場面において何らかの方法で対象者の視界を遮蔽し、その間に変化を発生させる方法である。例えば、町中で道案内を頼むため、実験者が誰かに声を掛けたとする。次に、声を掛けられた人と実験者の間を看板が横切り、声を掛けられた人の視界から実験者は見えなくなる。この瞬間、実験者が別の人に入れ替わる。その後、道案内の続きをさせると、半数の人は案内している相手が入れ替わったことに気づかなかった。他にもいくつか変化の見落としを発生させる方法は知られているが、いずれにしても、変化の瞬間に妨害が発生するという点では同様である。そして、この現象は研究室内だけで起こる特殊な現象というわけではなく、遮蔽法による実験でわかる通り、実際の世界でも起こりうる頑健な現象なのである。

### (3)　変化の見落としにおける視覚情報の処理

変化の瞬間に変化する場所が見えていても見落としは発生する。このことから、目に入ってさえいればあらゆる「存在」が適切に感じられているわけではないことがわかる。それでは、変化を検出するために必要なことは何だろうか。変化を見つけるためには、少なくとも、①変化の前に何があったかを覚えておくこと、②変化前と変化後を比較すること、③比較の結果を意識的に利用すること、以上の三点は必ず行わなければならない。さらに、変化前や変化後の物体に適切に注意が向いていなければ覚えていられない。どの段階で失敗しても変化の見落としは発生する。変化の前に何があったか覚えていなければ当然変化を見つけることはできないし、変化の前後で比較できなければ何が変化したのかはわからない。仮に比較まではできたとしても、意識に上らなければ報告できない。変化の見落としはシンプルな方法で引き起こすことが可能であり、とても単純な現象のように思われるかもしれないが、多くの処理が関わって起こる複雑な現象なのである。

## 4　両目に映る存在

### (1)　両目の効用

ここまでは両目とも同じものが見えている状況の話であった。しかし、普段は両目に同じものが見えていても、左右の目に別々のものが見えることもある。では、そのような場合、それぞれのものの「存在」はどのように感じられるのだろうか。

そもそも、正確には左右の目で見えているものは微妙に異なる。左右の目はわずかながら離れているのだから当然である。このことは簡単に体験することができる。まず人差し指を立てて目の前にかざしてみる。そして、人差し指よりも遠くを注視してみよう。すると人差し指が二本に見えるはずだ。さらに人差し指を手前に動かすと二本の指の間隔は広くなり、奥側に動かすと間隔は狭くなる。この二本の指の正体は左右の目それぞれで見ている像である。片目ずつ閉じて確認すれば、右側に見えている指は左目で、左側に見えている指は右目で見ている像だとわかる。次に人差し指より手前側に目の焦点を合わせてみよう。何もないとやりづらいと思われるので、手前側にもう一本の人差し指をかざしてそれを注視するとよい。この場合も奥にある指は二本に見える。しかし片目ずつ閉じてもう一度確認してみると、今度は右側に見えている指は右目、左側に見えている指は左目の像となっている。先ほどとは逆である。

以上の簡単な実験から二つのことがわかる。一つは左右の目で見ているものは近いほど見え方の違いが大きくなること、もう一つは焦点を合わせている場所より遠い場合と近い場合で見え方が異なることである。ものの遠さによって見え方が異なるということは、これらの情報は見ているものがどれくらいの遠さにあるのかを知るために利用できるということである。これらは目が一つしかなければ決して得られない情報である。私達は普段それぞれの目で少しだけ違う像を見ていることに気づかない。しかし、人間はこの小さな違いを巧みに利用して奥行きの情報を取り出しているのである。

それでは、左右の視界があまり重ならないような生き物の場合はどうだろうか？　例えば、ウマなどがそれにあたる。ウマは目が顔の横側についているため、左右の目で視界が重なる部分は人間よりも少ない。したがって、人間ほど視野の広い範囲で正確な奥行き知覚を得ることができない。その代わり、視野自体はとても広く、首を動かさなくてもほぼ真後ろまで見ることができる。これは草原に生きるウマにとって、重要な性質である。身を隠すものがない場所で肉食動物から身を守るためには、いち早く外敵を発見し、走り出さなければならない。ウマにとっては、正確に捕食者がどれくらいの距離にいるかという情報よりも、とにかく早く敵に気づくことができるということの方がはるかに重要なのである。

一方、人間の祖先であるサルも、ウマと同じく捕食者を警戒する必要があっただろう。しかし、生活の場は異なっており、森の中、木の上で活動していたと考えられる。木の葉や枝で入り組んでおり、視界は必ずしも開けていない。そのような環境では、目の前の枝がどれくらいの距離にあるのかを見誤れば、木から落下してしまう。したがって、サルにとって、広い視野以上に、正確な奥行き知覚は命に関わるものであったと言える。人間は、祖先が生きるために身に着けた能力を、今でも存分に活用しているのである。

### ⑵　両目で違うものが見えているとき

さて、ここまでは左右の目ではそもそも別のものが見えているという話をしてきた。そうは言うものの、普段は一つのものは一つにしか見えていない。もう一度両手の指を前後にずらしてかざしてほしい。一方の指に焦点を合わせているときは、もう一方の指が二本に見えるかも

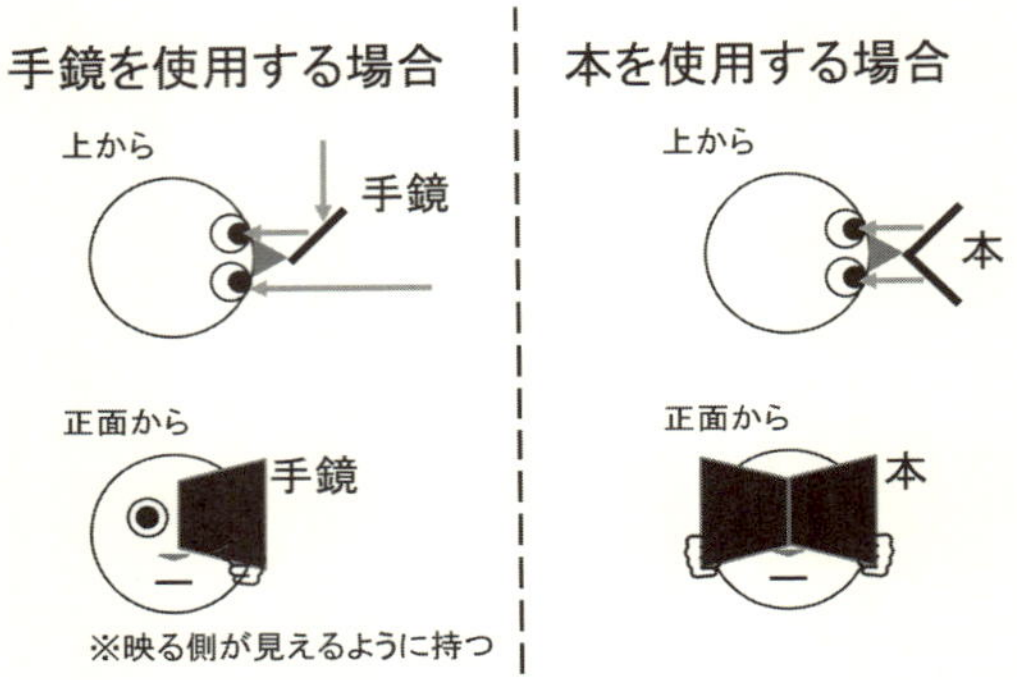


図2-3　両眼視野闘争を体験する方法

しれないが、焦点をもう一方の指に合わせればたちまち一本に見えるようになる。これは左右の目のズレがある程度の範囲に収まっているため、一つのものとして認識できるからである。それでは、一つの像として認識できないほど大きく異なるものが左右の目に与えられた場合、どのようなことが起こるだろうか？　例えば、右目に人の顔、左目に建物の写真だけが見えるようにした場合、どのように見えるだろうか？　これも体験してみよう。図2-3に方法を示したので、試してほしい。手鏡があればそれが一番簡単である。左右どちらでも構わないので、片方の目の視界がなるべく隠れるようにしつつ、手鏡を四五度ほど傾けて目の前にかざしてみよう。左手で手鏡を持っている場合は読者の左側の景色が映っているはずだ。左目は左側の風景、右目は前方の風景だけが見えるようになっていれば正解である。手鏡がなければ薄めの本を使ってもよい。表紙と裏表紙ともに図柄があってかつ互いに異なるものがいい。背表紙を鼻につけてそれぞれの目には表紙と裏表紙の片方だけが見えるようにする。この状態で少し本を開いたり閉じたりして角度を調整すれば、右目と左目の像が視界の真ん中に来るはずだ。非常に目に近い位置にあるのでぼやけて見えるが、片目ずつ閉じてそれぞれの目に何が見えているかを確認してほしい。後はぼんやりと眺めるだけである。初めに見えているのは右目と左目の像のどちらかだろう。しかし、数秒か数十秒経つ頃にはつい先ほどまで見えていたものが見えなくなり、初めに見えていた方とは逆の目の像が見えるようになる。その後は繰り返し入れ替わり続けるだろう。うまくいかない場合は別の本を使ったり、角度を変えたりして再挑戦してほしい。

さて、いかがだろうか。非常に不思議な見え方である。図2-4に示したように、ある瞬間には右目か左目の片方の像しか認識できない。また、視界の中の一部は右目の像、別の部分は左目の像という形で混じりあってモザイク状に見えることはあっても、同時に同じ部分で左右の目の像が重なりあうということはない。どちらかの目の像を見ようとして努力しても完全に制御することは難しく、いずれは入れ替わってしまう。ある一方の「存在」が感じられている間、もう一方の「存在」は消えてなくなっている。しかし手鏡の中の風景や本が消えてなくなっているわけではなく、認識できなくなっているだけである。この見え方はあたかも互いの目が自分の見えているものを認識させるためにもう一方と争いあって、勝利した方が見えているようであることから、「両眼視野闘争」と呼ばれている。[10] 同じくらいの強さの刺激同士だとそれぞれの刺激が見えている時間はおおよそ半々となるが、[7] どちらか一方の目の刺激が極端に明るかっ

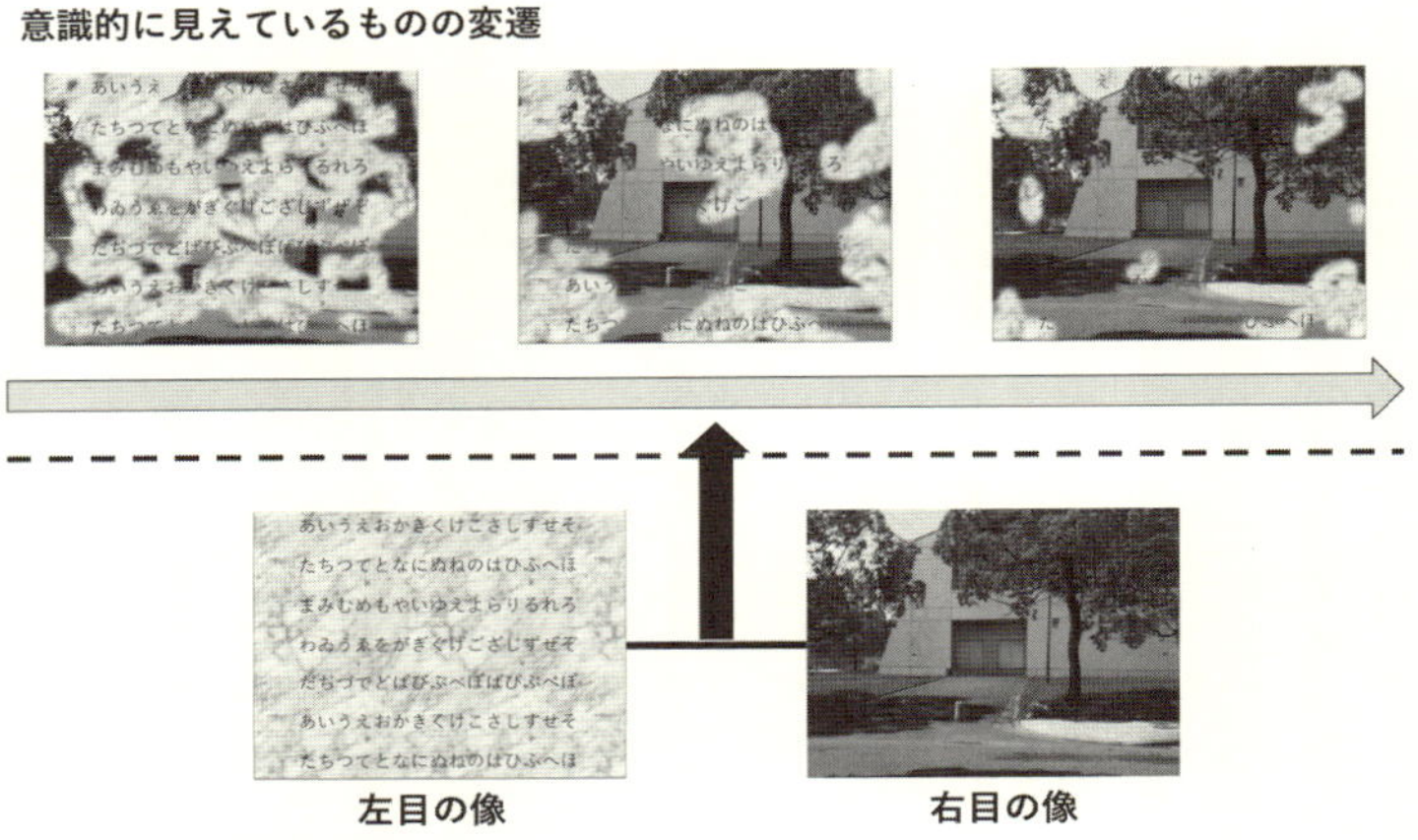


**図2-4　両眼視野闘争の模式図**
それぞれの目に別々の画像が提示されると、時間ごとに意識に上っている方の画像が入れ替わり続ける。

たりすると、そちらの刺激だけが知覚され、両眼視野闘争は発生しなくなる。他にもさまざまな色が含まれていて、色と色の間の境目が多い刺激や、顔刺激なども両眼視野闘争の勝者となりやすい。このように、ある程度、両眼視野闘争で意識に上る刺激は操作することができる。

### (3) 両眼視野闘争が教えてくれるもの

両眼視野闘争では見えているものが入れ替わり続けるが、巧妙に刺激を操作することである程度どちらが見えているかを客観的に知ることができる。[9] 例えば、右目の視野の中心部には右から左に流れていく縞模様の刺激、左目には逆に流れていく刺激を提示したとする。これらはまったく異なる刺激なので両眼視野闘争が発生し、ある瞬間は右に流れていく刺激、次の瞬間には左に流れていく刺激というように、時々刻々と見えているものは変化する。そして、この刺激を提示する際に眼球がどのように動いているのかを計測する。目はどのような動きをするだろうか。遊園地でゆっくり回るメリーゴーランドを眺めている状況を想像してみてほしい。作り物の馬が目の前を何頭も次々に通り過ぎていく。それを一頭一頭目で追うとしよう。そうすると、右から左に流れていく馬を見るときには、目は初めに右を向き、馬を追って左へと動いていく。やがて、それ以上左に目を動かせなくなると、一気に右へと眼球の向きを戻し、また左へと動くということを繰り返すだろう。馬の動きが逆の場合は、目の動きも左右反転する。このような目の運動の性質を利用すると、両眼視野闘争中に右に流れていく縞模様が見えているか、左に流れていく縞模様が見えているかが客観的に評価できる。つまり、右から左にゆっくりと目が動き、ある瞬間また右に戻るということを繰り返している間は左向き、逆の動きをしている間は右向きの縞模様が見えていると推測できるのである。

この他にも脳波を計測する方法など、両眼視野闘争中の刺激の見え方を客観的に示す方法はいくつか知られている。どのように見えているかを客観的に示すことができるという性質は心理学者たちにとってきわめて有用である。当たり前のことだが、心は目に見えない。ある瞬間に意識の中で何が起こっているか知るのは困難なのである。脳の中のある部位の血流量が増えているとか、磁場が変化しているとか、そういったことを調べることは可能である。しかし、その結果が意識されている内容とどうつながっているかは、簡単にはわからない。両眼視野闘争は行動や生理的指標から意識の中を推測しやすいという点で、心理学者たちにとって非常にありがたい現象の一つなのである。

## 5　技術への応用

これまでに紹介した現象は人間がどのように「存在」を感じているかについて、多くの示唆を与えてくれる。心理学の目的の一つが人間の理解にあるとするならば、それ自体が非常に重要な知見の数々である。それだけではなく、これらの知見を応用に生かす試みを紹介したい。

### (1)　拡張現実とは

私達の多くは現在、さまざまな情報提供機器に囲まれながら暮らしている。総務省によると、二〇一〇年に一〇％未満だったスマートフォンの保有率は二〇一五年には七〇％を超えた[15]。通信状況の進歩も目覚ましく、概ねいつでも情報を手に入れることができる。近年、そのような情報提供技術の内、「拡張現実」が急速に普及しつつある[1]。拡張現実よりもＡＲ（Augmented reality の略）という言葉の方がなじみ深いかもしれない。スマートフォンをかざすと背景のビデオ画面の中にキャラクターが浮かび上がるというようなアプリケーションを聞いたことがあるのではないだろうか。これはＡＲを使用したエンターテインメントの典型的な例である。その他にも、劇場で役者のセリフを字幕として提示したり、カーナビゲーションシステムとして行き先を教えたりと、さまざまな場面で使用され始めている（図2-5）。

　これらのように、ＡＲとは、現実世界に情報を重ねて提示する方法の総称である。どの感覚に対する情報であってもＡＲと言えるが、最もよく使用されているのは視覚的なＡＲである。ＡＲにはさまざまな利点があり、カーナビゲーションで言えば、情報が現実空間にそのまま提示されているので、わざわざ車内のディスプレイを見る必要がなく、道路状況から目を離さずに済むことから安全性が向上すると期待されている。また、一見してわかりやすいというのも大きな利点である。図2-5に示した通り、地図を見ながらどこで曲がるかを考えるよりも、圧倒的に直感的である。

**図2-5　拡張現実のイメージ図**
本来は現実には存在しないはずの行き先や所要時間、進行方向といった情報が提示されている。

### (2)　ＡＲの問題点

わくわくする技術であるＡＲだが、あらゆる新しい技術がそうであるようにＡＲにもいくつかの問題点が指摘されている。そのうちの一つがＡＲとして与えられる像（ＡＲ像）の後ろ側にある現実世界が覆い隠されてしまうという問題である。もう一度図２-５を見てほしい。この図では現実には存在しない矢印などが情報として与えられている。どこで曲がるかという点では素晴らしくわかりやすい。ところが、よく見てみると矢印の後ろ側に人がいて、道路を横断しようとしている。これは決して見逃してはならない存在である。ＡＲ像がなければ簡単に見つけられそうだが、ＡＲ像があるがゆえに見逃しが起こってしまうかもしれない。さらに、変化の見落としの問題もある。人が塀の後ろから飛び出してくるという状況を考えてみよう。もしも、人が飛び出してくるタイミングとＡＲ像が提示されるタイミングが同時だったらどうだろうか。これはまさに変化の見落としにおける妨害刺激と同じではないだろうか。これらの問題は旧来のカーナビゲーションシステムでは発生しない。基本的にディスプレイは視界の外にあり、妨害とならないためである。したがって、このような問題はＡＲという新しい技術によってもたらされた新しい問題として扱われなければならない。

### (3)　問題解決のための挑戦

そうは言っても、ＡＲは魅力的な技術である。問題点を解決できるならばその方がよい。先に挙げた問題点を解決するために、「ＡＲ像を片目だけに出す」という方式が検討されている[5]。視覚的なＡＲについては色々なカテゴリ分けをすることができるが、そのうちの一つが両眼式・

単眼式という分類である。つまり、情報を両目ともに出すか、片目だけに出すか、という違いである。先述の通り、両目ともに情報が提示されるのは奥行き知覚が正確になりやすいという点で優れている。一方で、単眼式にも両眼式にはない非常に大きなメリットがある。それは、AR像が提示されていない方の目で現実世界のみを観察できること、つまり、ARによる妨害を受けにくいということである。

このことを検討するために、モザイク状のAR像を両目または片目に提示しながら現実世界で作業を行うという課題を行った[6]。AR像は妨害刺激として作業する場所全体を覆うように提示された。作業は現実世界に提示されている星形の枠線をなるべくはみ出さないようになぞるというものだった。その結果、両目にAR像が提示される条件ではなぞるのが難しく、はみだしが大きかったが、片目の条件では小さかった。この結果から、現実世界に提示されている星形は片目の条件の方が観察しやすかったことが示された。また、基本的にAR像は明るいほど観察しやすい。そのため、実際の応用場面ではAR像を明るく提示する方法が模索されているのだが、AR像が見えやすいということは、逆に言えば現実世界は見えにくいということである。先述の課題では、両目に提示する条件のときにAR像が明るくなったり、星形の枠線が暗くなったりするほどはみだしが大きくなったのに対し、片目に提示する条件では明るさの影響を受けず、常に正確になぞることができた。つまり、単眼式のARでは、明るくAR像を提示したいという要望と、現実世界の観察を妨害したくないという要望の二つを両立できていることとが示された。

両目に提示される条件では、いずれの目でも同じ刺激が提示されているので、常にＡＲ像の妨害を受け続ける。一方、単眼式ＡＲでは片方の目はＡＲ像と現実世界が提示されており、もう一方の目には現実世界だけが提示されている。このような状況では両眼視野闘争が発生する。そのため、課題中に現実世界だけの像が知覚される瞬間があり、星形の枠線が観察しやすかったと考えられる。また、現実世界の像だけが知覚されていたため、ＡＲ像の明るさが高くても低くても関係なく現実世界の課題を行うことができたと考えられる。

また、ＡＲ提示時の変化の見落としについても検討されている。(4) 実験の方法はシンプルである。先述のフリッカー法による変化の見落とし課題において、妨害刺激をＡＲ像にし、両目または片目に提示した。両目にＡＲ像を提示する条件は一般的なフリッカー法とほとんど変わらない。一方、片目に提示する条件では、片方の目は妨害となるＡＲ像が提示され、変化の見落としが起こりやすい状態になるが、もう片方の目は現実世界だけを観察することが可能であり、一般的にはこのような状況では変化の見落としは起こらない。片方の目は変化の見落としが起こりうる状態、もう片方は起こらない状態という状況は変化の見落としの実験としては珍しい。このような場合、変化の見落としは発生するだろうか。

結果としては、ＡＲ像を両目に提示する場合は変化の見落としが発生するが、片目に提示する場合は発生しなくなった。また、ＡＲ像が明るいほど両目の条件では変化を発見するまでの時間が長くなったが、片目の条件ではAR像の明るさの影響を受けなかった。この結果も星形の枠線をなぞる課題のときと一致している。

### ⑷　拡張現実のこれから

このように、心理学的観点から新しい技術の発展に資する研究が進められている。今回はARという技術について、単眼式のメリットを示す研究を取り上げた。しかし、ARはまだ発展途上の技術であり、その研究の多くは工学的な観点によるもので、心理学的な検討が十分になされているとは言い難い。両眼式・単眼式のメリット・デメリットが十分に理解されているとは言えないのである。今後も新しい技術が出てくる度に、それが人間にとって本当によいものであるのか、問題があるとしたらどのように問題なのか、その問題を解決する方法はないのか、常に検討を続けていく必要がある。

## 6　終わりに

この章では人間が「存在」を感じるために、どのようにものを見ているのかについて扱った。多くの人にとって、ものが見えるとは精々まぶたを上げる程度の労力で達成できることである。

しかし、正しく視覚的情報を処理し、目に入ったものを認識するには驚くほど複雑なメカニズムが働いている。ほんのわずかに注意がそれただけで、ものは見えたり見えなくなったりする。私たちが当たり前に行っていることは、実は奇跡的なほど高度な活動なのである。

　この章で取り上げた現象以外にも、ものの不思議な見え方に関する心理学的な現象は数多く存在する。そして、それらは人間である以上、読者自身にも起こりうる現象である。本や研究室の中だけで起こる自分には無関係な出来事として扱うのではなく、自分自身を理解するために役立てていただければ幸いである。

## 引用文献

（1）Chatzopoulos, D., Bermejo, C., Huang, Z., Hui, P.（2017）. Mobile augmented reality survey: From where we are to where we go. *IEEE Access*, 5, 6917–6950.
（2）Hartman, E.（1970）. Driver vision requirements. *Society of Automotive Engineers*, 629–630.
（3）Jensen, M.S., Yao, R., Street, W.N., Simons, D. J.（2011）. Change blindness and inattentional blindness. *WIREs Cognitive Science*, 2, 529–546.
（4）Kitamura, A., Kinosada, Y., Shinohara, K.（2017）. Change blindness in augmented reality: Solution by monocular presentation. *Journal of Vision*, 17（10）, 1207.
（5）Kitamura, A., Naito, H., Kimura, T., Shinohara, K., Sasaki, T., Okumura, H.（2014）. Distribution of attention in

augmented reality: Comparison between binocular and monocular presentation. *IEICE Transactions on Electronics*, E97-C, 11, 1081-1088.

（6）Kitamura, A., Naito, H., Kimura, T., Shinohara, K., Sasaki, T., Okumura, H.（2015）. Comparison between binocular and monocular augmented reality presentation in a tracing task.『映像情報メディア学会誌』六九、J二九二-J二九七

（7）Levelt, W. J. M.（1966）. The alternation process in binocular rivalry. *British Journal of Psychology*, 57, 225-238.

（8）Levin, D. T., Simons, D. J.,（1997）. Failure to detect changes to attended objects in motion pictures. *Psychonomic Bulletin & Review*, 4, 501-506.

（9）丸山雅紀・小林哲生・栗城眞也（二〇〇一）：両眼視野闘争時における知覚運動交替に関連した視運動性眼振の変化：『電子情報通信学会論文誌』J84-D-II、一九六-二〇二

（10）松宮一道（二〇〇二）：両眼視野闘争研究の進展：『VISION』一四、一五一-一六四

（11）Miura, T.（Ed.),（2012）. *Visual Attention and Behaviour Bridging the Gap between Basic and Practical Research*. Tokyo: Kazama Shobo.

（12）O'Regan, J.K., Rensink, R.A., Clark, J.J.（1999）. Change-blindness as a result of 'mudsplashes'. *Nature*, 398, 34.

（13）Rensink, R.A., O'Regan, J.K., Clark, J.J.（1997）. To see or not to see: the need for attention to perceive changes in scenes. *Psychological Science*, 8, 368-373.

（14）Simons, D.J., Levin, D.T.（1998）. Failure to detect changes to people during a real-world interaction. *Psychonomic Bulletin & Review*, 5, 644-649.

（15）総務省（二〇一七）：平成29年版情報通信白書ＰＤＦ版：http://www.soumu.go.jp/johotsusintokei/whitepaper/ja/h29/pdf/29honpen.pdf（参照日二〇一八年九月三日）

（16）Wright, R.D., Ward, L. M.（2008）. *Orienting of Attention*. New York: Oxford University Press.

## 参考図書

・河原純一郎・横澤一彦（二〇一五）『シリーズ統合的認知1注意　選択と統合』勁草書房

本章で扱った変化の見落としだけでなく、視覚的情報を処理するときの注意の役割を包括的に扱っている。注意についてより深く知りたいという人におすすめの本である。

・藤田一郎（二〇一五）『脳が作る3D世界　立体視のなぞとしくみ』化学同人

本章ではあまり触れられなかった人間の目が二つある理由について平易な文章で説明されている。二つの目が起こす不思議な現象についてたくさんの例が挙げられており、何かが見えること・見えないことの不思議さを味わえる。

・熊田孝恒（編著）（二〇一五）『商品開発のための心理学』勁草書房

読者の中には心理学を実際に役立てることに興味を持った人がいるかもしれない。この本では心理学の研究者たちが現実的な問題を改善するために取り組んできたさまざまな研究が紹介されており、困難なテーマに挑む心理学者たちの活躍を垣間見ることができる。

# 第3章　音を感じる

青野　正二

## 1　はじめに

私たちは、日常生活において、さまざまな音を聞きながら、そこから何かを感じ取っている。ここで、私たちの周囲に存在する音を総称して環境音と言う。環境音には、よい音もあればそうでない音もあるが、音の善し悪しなどは、受け取る側が評価した（音を感じた）結果であり、もともとその音自体が持っていた性質ではない。もちろん、エネルギーの一形態である音には、音量のように客観的な物理量が存在するが、たとえ物理的な性質が同じであっても、その音がまったく同じに感じられるかというと、そうとは限らない。例えば、クラシックミュージックを好んで聞く人にとっては、それを寛いでいる状況で聞くのであれば心も安らぐであろうが、試験を前に勉強に集中している状況なら、単に邪魔な音でしかないだろう。また、クラシックミュージックを好む人にとっては、ロックミュージックはうるさいノイズになることもあれば、反対にロックを好む人にとっては、クラシックは退屈なものになることもあるだろう。

環境音の中で、先に述べたような、好まれないあるいは望まれない音、不快な気分にさせる音、生活に迷惑や被害を及ぼすような音は、一般的に騒音と呼ばれる。ある人がある状況下で音を聞いて、それを不快だと感じれば、その人にとってその音は騒音となる。したがって、環境音の中でどのような音が騒音となるかは、私たち自身の置かれた状態や周辺の状況などによって、大きく変わってくるだろう。最近、しばしば近隣で発生する騒音を巡るトラブルが社会問題として取り上げられているが、この点が騒音問題をいっそう複雑にしている要因でもある。このように、音の感じ方は、私たちがどのような環境下に置かれているかに左右されるものである。本章では、科学的な見地から、音の感じ方にどのような特徴や傾向が見られるのかを紹介してみたい。

まず、私たちが「音を感じる」とき、そこには必ず音を発する人やもの、つまり音源が存在していることから、次のような場面を想像してみよう。公園のベンチで寛いでいると、近くで赤ちゃんが泣き出した。するとベンチに座っている人はうるさく感じるだろうが、赤ちゃんを抱いている親は、ミルクを欲しがっているのだろうか、熱でもあるのだろうかとあれこれ心配するかもしれない。つまりこの泣き声は、赤ちゃんとはまったくの他人にとっては騒音であり、最も近い存在である親にとっては、赤ちゃんからの合図という意味でとても大切な音なのである。そこで第二節では、音を聞く私たちと音源の関係性が、さまざまな生活環境音の印象にどのような影響を及ぼすのかについて見てみよう。一方で、「音を感じる」ときには、単に音を聞くだけでなく、同時にその音源を見ながら、言い換えればそれが何の音かを把握しながら聞くこともあるだろう。そこで次のような場面を想像してみよう。公園を散歩していると、背後で叫ぶような声が聞こえた。うるさく思って振り返り、鬼ごっこをしている子供たちの姿を見たとしたら、その元気な声に笑みがこぼれるだろう。この場合は、音を聞いただけでは不快な印象を受けたものの、見ることで（視覚を通して）その音が何であるのか、またどのような状況で生じているのかを知り、心和むような印象に変わったのだろう。そこで第三節では、このように視覚から得られる音に関する情報（音源や音が生じている状況）が音の印象にどのような効果をもたらすのかを見てみよう。最後に第四節では、望ましい音環境のあり方を考える上で、今後の展望や課題について触れてみたい。

## 2　生活環境音とコミュニケーション

一九六〇年代以降、経済や産業が成長する中で、物質文明の進歩に伴って生まれた騒音は構造的騒音と言われており、[8] 例えば交通機関や産業機械から発せられる音などが含まれる。その後、ライフスタイルの変化とともに環境音も複雑で多様化してきており、特に、住宅の密集化によって生活環境音にまつわる問題が増加している。しかもそれらは音量規制以下のレベルで発生していることも多いため、取り締まることが難しく、結局のところ、当事者間での解決が必要となっている。このような騒音問題は、個人の考え方や価値観、当事者間の関係性にまで関わる問題でもあり、その解決には、近所の住民に対する配慮といった、心の側面が重要になってくることもあるだろう。そこで、このような騒音は、かかわり的騒音と言われている。[8] しかし、構造的騒音とかかわり的騒音は必ずしも完全に区別できるものではない。例えば、携帯電話は物質文明の進歩に伴って作られた機器であるため、その着信音は構造的騒音である。確かに、電車や図書館などの公共空間では、周囲の他人にとっては迷惑となるが、これは電話所有者の周囲に対するマナー上の問題であることからすれば、かかわり的騒音でもある。さらに、着信を待ち受けていた所有者にとっては、着信音は騒音ではなく、今か今かと待ち望んでいた音であるかもしれない。つまり、騒音であろうとなかろうと、環境音の多くは、何らかのかかわり的な側面を持っていると考えられる。

以前ニュースでも報道されたことであるが、ある地方で除夜の鐘の音がうるさいという苦情が増えているそうである。しかし、長年住み慣れたその土地で、毎年除夜の鐘の音を聞きながら新年を迎える人にとっては、除夜の鐘は騒音源となるだろうか。実際、そのような苦情を訴えるのは、その土地に移り住んでから年数も浅く、古くからの住民とも疎遠な人に多いようである。このような状況は、音を聞く人が、音を発する人やものとどのような関係にあるのかが影響していなるのではないだろうか。ここでは、音を聞く私たちと音源（音の発生に関わる人やもの）との関係性をコミュニケーションとして捉えてみたい。そして私たちと音源の間に何らかの親密な関係（コミュニケーション）がある場合とない場合で、私たちは音や音源にどのような印象を抱くのかを、実験の結果をもとに見てみよう。

### (1)　音の種類とコミュニケーションの状況設定

実験で対象とした音は、日常生活で聞かれ、しばしば騒音となりうるもの、四〇種類である。具体的には、近所に公共交通機関やスーパーがあることで発生する交通音（車、鉄道、航空機）七種類、静かな公共空間（教室、図書館、映画館）で隣の人が発する音（ガムを噛む、私語、携帯マナーモードの振動など）一二種類、隣家や隣室から聞こえてくる音（布団叩き、風鈴、日曜大工、足音、ピアノ、掃除機、騒ぎ声、ドアの開閉など）一六種類、電車内で迷惑になる音（携帯の着信音、通話、音楽プレーヤーの音漏れなど）五種類である。これらの音は、実際の現場で騒音計を通してデジタルオーディオレコーダーに収録し、パーソナルコンピュータ上でそれぞれ一〇秒間に編集した。

音を聞く私たちと音源の間でコミュニケーションがある場合とない場合、すなわち「コミュニケーションあり／なし」については、音の種類に応じて、次のような状況を設定した。交通音では、「通勤、通学、旅行でよく利用する／しない」とした。ただし、スーパー付近の自動車騒音では、スーパーがあることで車の騒音が発生するため、スーパーとの関わり方を表す「スーパーの利用頻度の大／小」とした。また、公共空間・電車内の音、隣家・隣室からの音では、それぞれ「友人である／ない」、「付き合いがある／ない」とした。

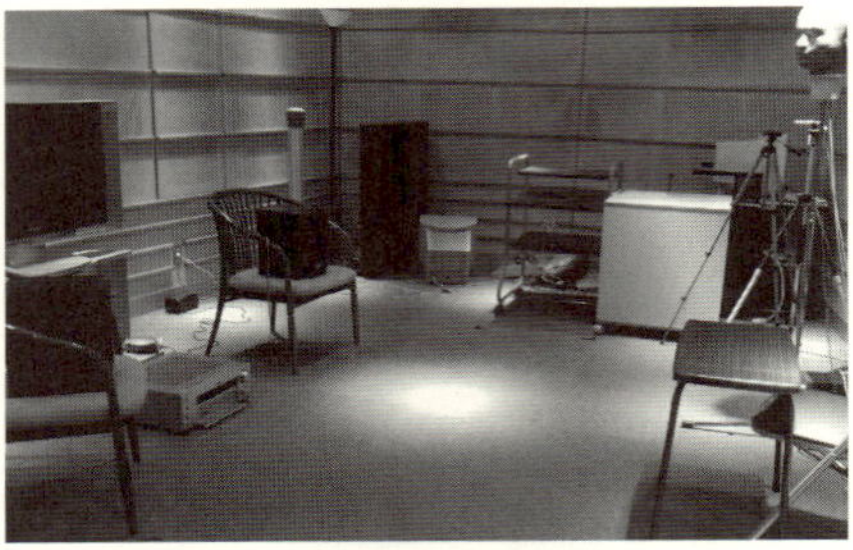

**図3-1　実験が行われた防音室**
壁面には吸音処理が施されている。

### (2)　音に対する感じ方

実験は、背景雑音を低減させるよう防音施工された実験室（防音室）で行われた。防音室内の様子を図3-1に示す。この実験室で、各実験参加者（計二〇名）に四〇種類の各音をスピーカーで聞いてもらい、その都度音の印象をSD尺度で回答してもらった。ここでSD尺度は、ある対象の印象などを測る「ものさし」のようなもので、具体的には、後に挙げた図3-4のような形をしている。例えば「大きさ」の印象であれば、「大きい－小さい」のように反意語を対にして、その対になった言葉（評価語対）の間にいくつかの目盛りが付けられている。その目盛りの位置が印象の

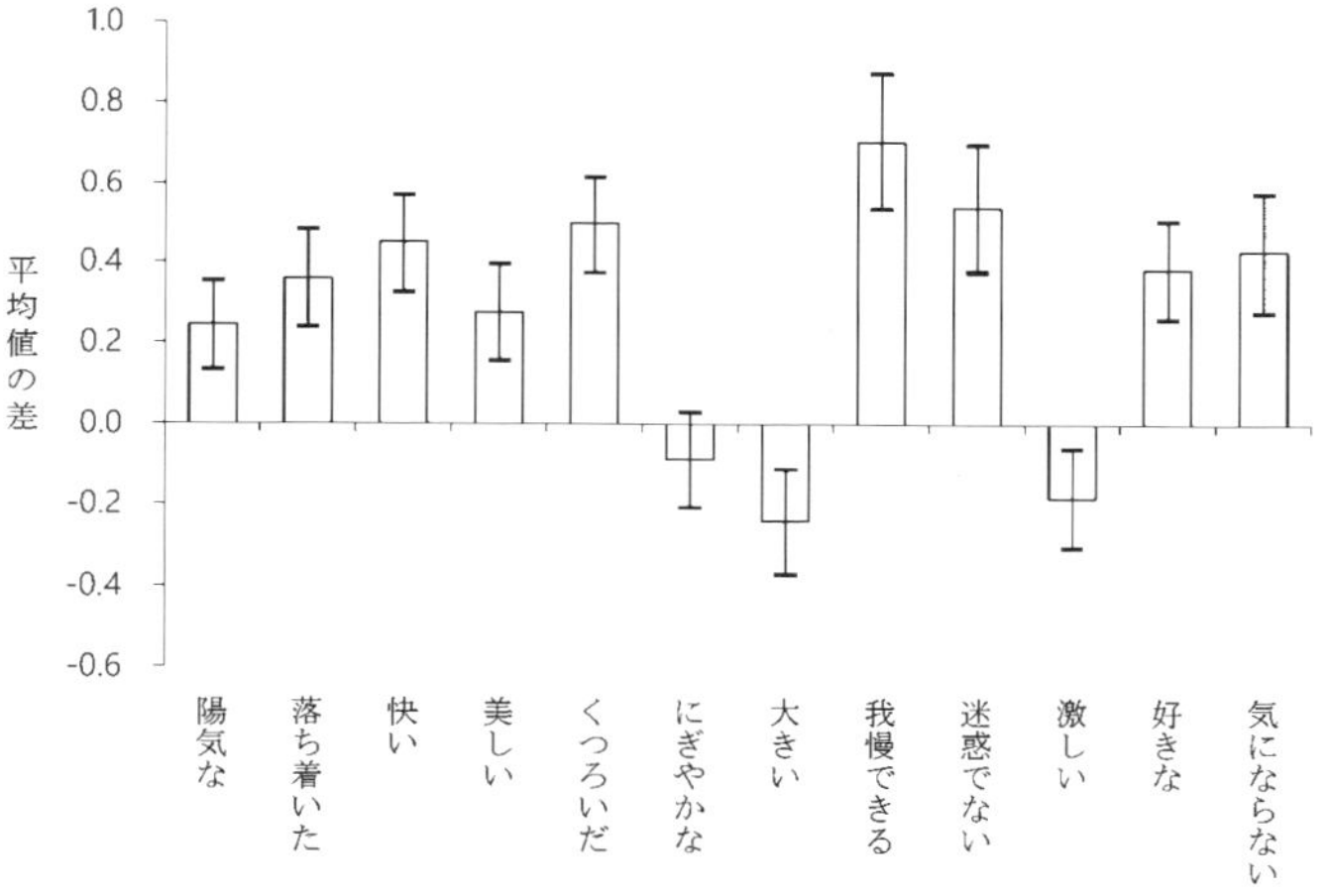


**図3-2　音に対する印象評価の結果**
（青野・河内 2015（引用文献 2）より）

程度を表しており、実験では音を聞いた後、最もよく当てはまる目盛りに丸印を記入してもらう。

今回の実験で尋ねた音の印象は図3-2のグラフの下に記された一二項目であり、各項目について、「陽気な—陰気な」、「快い—不快な」、「迷惑でない—迷惑である」などのようなSD尺度を作成した。なお、実験参加者には、最初にコミュニケーションがある場合、ない場合のどちらかの実験に参加してもらい、後日もう一方の実験に参加してもらった。

実験参加者が回答した印象は、SD尺度の各目盛りに順番に一点から七点を与えることで点数化し、すべての音と実験参加者で平均した。そしてコミュニケーションがある場合とない場合でその平均値にどれくらいの違いがあるのかを図3-2に示している。棒グラフの値（平均値の差）は、コミュニケーションがある場合からない場合を差し引いたものである。また、各棒グラフの頂点を中心として上下に線分の幅が描かれているが、グラフの原点がこの範囲から外れていれば、コミュニケーションがある場合とない場合で、印象に明確な違いがあることを意味している。

この図より、まず「陽気な」「落ち着いた」「快い」「美しい」「くつろいだ」「我慢できる」「迷惑でない」「好きな」「気にならない」という印象について見ると、棒グラフがすべて正の値となっている。これは、コミュニケーションがある場合の方がない場合より、それらの印象が強いことを表している。それに対して、他の「にぎやかな」「大きい」「激しい」については、棒グラフがすべて負の値となっているため、逆にこれらの印象が弱いことを表している。つまり、全体的に音の印象は、コミュニケーションがあることで、よりポジティブに評価される傾向がうかがえる。したがって、コミュニケーションには、騒音に対するネガティブな印象を緩和させる効果があるのではないだろうか。

### ⑶　音源に対する感じ方

前項では、音に対する感じ方に焦点を当てたが、ここでは同様の実験によって、音ではなく音源に対する感じ方がどうなるかを見てみよう。なお今回は、音源については、音の発生に関わる「人」であるとする。例えば私語の場合、当然声を発する人が音源であるが、掃除機などの機械音の場合は、直接の音源である機械ではなく、それを操作している人を音源とする。また、交通音の場合は、組織としての公共交通機関やスーパーを音源とする。

この実験で尋ねた音の印象は図3-3のグラフの下に記された五項目であり、これをもとにSD尺度を作成した。その中に一つ、音源との関わりを深めたいかを問うものを用意した。それは、音源が人の場合には「付き合いたい―付き合いたくない」であるが、音源が公共交通機関やスーパーの場合には、音源との関わり方をそれらが存在する地域との関わり方と捉え、「(この付近に)住みたい―住みたくない」に変更した。ここでの実験結果は、先の図3-2と同様に、図3-3に示している。

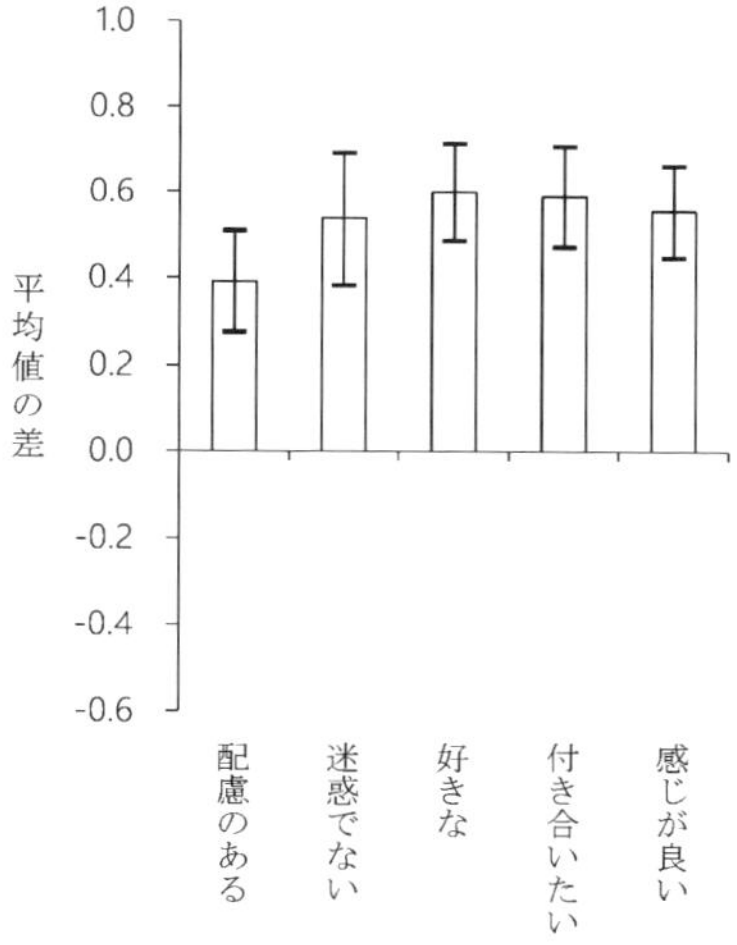


**図3-3　音源に対する印象評価の結果**
(青野・河内 2015(引用文献2)より)

この図においても図3-2のときと同じように見ていくと、棒グラフがすべて正の値となっているため、コミュニケーションがある場合の方がない場合より、音源に対する各印象が強くなっている、言い換えればよりポジティブに評価されていることがわかるだろう。

したがって、コミュニケーションは、音だけでなく音源に対する印象までも、よい方向に変化させる効果があるのではないだろうか。

近年、核家族化と同時に高齢化が進み、隣どうしの付き合いがほとんどない孤立した世帯が増加していると言われている。このような現状の中、近所の間で生じた騒音トラブルでも、お互い挨拶を交わしたこともない間柄であったというケースも珍しくないようである。これは、一見すると単なる騒音問題と思われるかもしれないが、本質的には、コミュニティにおける人と人のつながりに端を発する問題であると思われる。騒音問題において生活環境音と人の関わりを考えると同時に、人と人の関わりにも目を向ける必要があるのではないだろうか。なぜなら、音を出すのも聞くのも私たち自身なのだから。

## 3　視覚情報と環境音の印象

今、心の中で、〝ザー〟という音を聞いてみよう。はたして、その音に対してどのように感じ、その音を何の音だと思っただろうか。おそらく、耳障りで、ラジオが電波を受信できないときに聞こえるような雑音と感じた人がいるのではないだろうか。もしかして、木々の緑に囲まれて滝の水が流れ落ちる光景を思い浮かべ、その開放感のある響きに聞き入った人はいないだろうか。どちらも同じような〝ザー〟という音であるが、その音源が何であるのか、あるいはどのような状況で発生しているのかによって、音に対する印象は大きく違ってくることもあるのではないだろうか。もちろん、飛行機が離陸するときのエンジン音のように、聞くだけでそれが何の音か容易にわかってしまうものも多いだろうが、私たちは目で見ることで、わかりにくい音源も知らず知らずに把握していることもある。したがって、音の印象は、視覚から得られる音に関する情報（視覚情報）によって影響を受けていると思われる。例えば音楽鑑賞において、単に音だけを聞いた場合と、何らかの映像を見ながら聞いた場合では、音楽の印象が変化することが知られている。その結果、視覚と聴覚が互いに印象を強調し合ったり[4]、映像が音の印象を緩和させたりすることが確認されている[5]。そこで、私たちの身近にある自然の音や人工的な音など、さまざまな環境音を対象に、視覚情報が音の印象にどのような影響を及ぼすのかについて、実験の結果をもとに見てみよう。

### (1)　音の種類と印象の評価語

対象とした音は、自動車騒音（七種類）、工事現場等の音（五種類）、鉄道騒音（六種類）、娯楽施設の音（三種類）、大勢の人が集まる場所の音（七種類）、室内の音（五種類）、摩擦音（六種類）、虫の音（一種類）、水の音（二二種類）の合計六二種類である。実際の現場で、これらの音と音源の映像を同時に（時間的に同期させて）、それぞれデジタルオーディオレコーダーとデジタルビデオカメラで収録し、後にパーソナルコンピュータ上で一〇秒間に編集した。

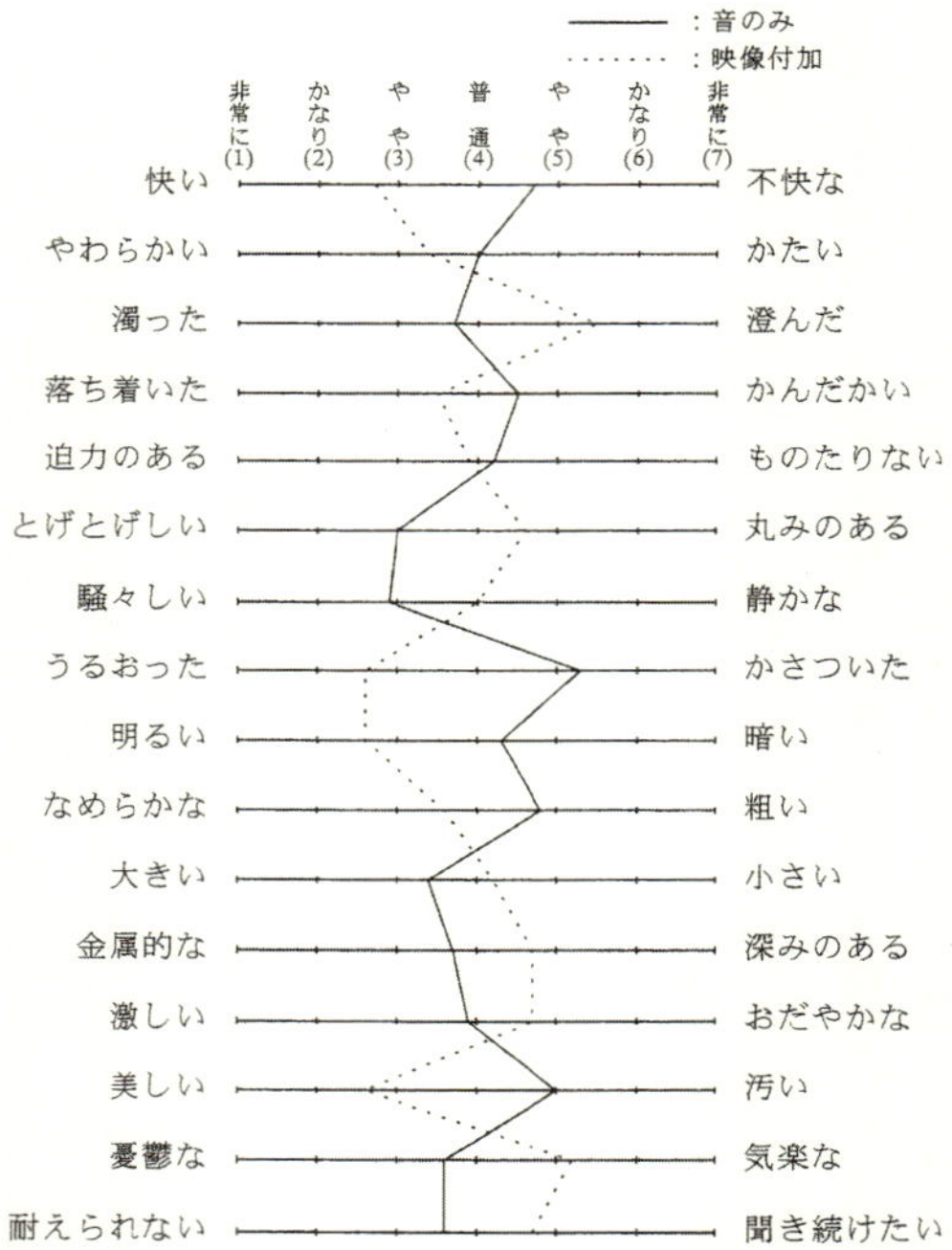


**図3-4　印象評価の結果（噴水の水音）**
（宮川・鈴木・青野・高木 2000（引用文献 9）より）

音の印象評価には、図3-4に示すような一六項目の評価語対からなるSD尺度を用いた。実験は静音性が確保された部屋で行われた。各実験参加者（計一〇名）に、まず各音のみをスピーカーで聞いてもらい、その都度音の印象をSD尺度で回答してもらうとともに、それが何の音だと思うかを尋ねた。続いて後日、今度は各音源の映像をモニターで見てもらいながらその音を聞いてもらい、音の印象を回答してもらった。

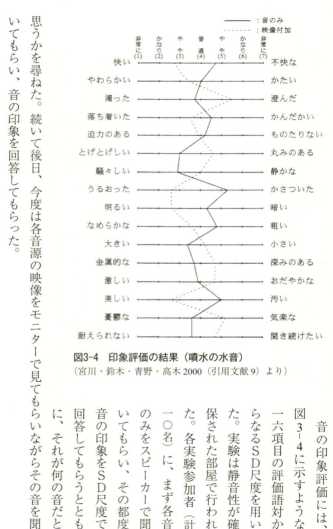

## (2) 視覚情報による効果

実験で得られた回答は、第二節の実験のときと同様に点数化し、実験参加者で平均した。図3-4には、一例として噴水の水音を取り上げ、音のみを聞いたとき、および映像を見ながら音を聞いたときの（音に対する）印象を、それぞれ実線、点線で示している。この図を一見しただけで、同じ音にもかかわらずその音源を見るか見ないかで、音の印象がまったく正反対に異なっていることがわかるだろう。しかも、すべての評価語において、音のみを聞いたときよりも映像を見ながら聞いたときの方が、音に対してポジティブな印象を抱いている。また、この実験で水の音には噴水以外にも、雨、波、滝、せせらぎ、急流などが含まれていたが、ほとんどの音で、噴水の水音と同様の傾向が見られている。一方、自動車騒音や工事現場等の音など、水の音以外では、このような傾向はあまり見られていない。

そこで次に、このような傾向が見られた水の音二二種類だけを取り出してその印象の特徴を見てみよう。図3-5には、これらの水の音について、「快い―不快な」の印象を示している。図の横軸は音がもっている音量であり、縦軸は点数化された印象の（実験参加者での）平均値である。図中の印は、二二種類それぞれの音に対する印象を表している。丸印が音のみを聞いたとき、三角印が同じ音を映像を見ながら聞いたときの印象である。丸印と三角印のそれぞれについて、音量と評定値との関係を最もよく表現できる直線（実線と点線）を引いた。rの値が大きいほど、直線の当てはまりがよいことを示している。

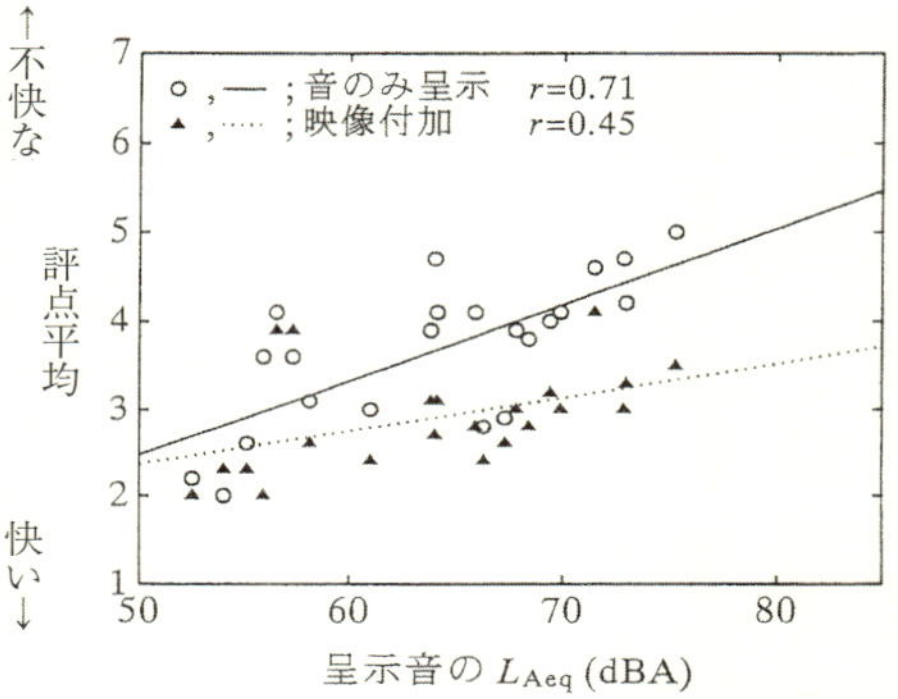


**図3-5　「快い一不快な」と音量の関係（水の音22種類）**
（宮川・鈴木・青野・高木2000（引用文献9）より）

図3−5より、二本の直線の位置を比べると、点線（映像を見ながら音を聞いたとき）の方が、実線（音のみを聞いたとき）より下の方に位置している。つまり、水の音は全体的に、映像が加わることで、印象がより快い方向へ変化することがわかる。また、一般的に音は、音量が大きくなるほどうるさく不快に感じられるが、図において二本の直線が右肩上がりになっていることからも、その傾向がうかがえる。しかし、二本の直線の傾きを比べると、点線（映像を見ながら音を聞いたとき）の方が緩やかになっていることがわかるだろう。つまり、映像を見ることで、音量が上昇しても不快感の増加は抑えられているため、視覚情報には喧噪感を緩和させるような効果があるのではないだろうか。これと同様の視覚情報による効果は、風によって生じる樹木の葉擦れ音についても報告されている。[7] もともとこのような自然の音は、人工的な音と違い、好感度が高いという点でも共通している。[6]

それではなぜ、自然を代表する水や樹木の音では、視覚情報によって音の印象がよくなる方向に変化するのだろうか。実際に、自然界に存在する音の中には、音響特性において雑音とよく似た特徴を持つものが多い。したがって、音を聞いただけではネガティブな印象を抱いたとしても、映像を見ることで音源が何であるかを認識したためポジティブに変化したものと思われる。また音源についての情報を、映像ではなく言語によって与えることでも、音の印象が変わることが報告されている。[1] 先述したように、今回の実験では音のみを聞いてもらった際に、それが何の音だと思うかを尋ねておいたが、その正解率を見ると、水の音の場合は、二二種類中一二種類で四〇％以下と最も低かった。しかも、テレビのサンドストームと誤答したケースが数多く見られた。実際に、〝ザー〟というサンドストームの音は水の音とよく似た音響特性を持っており、単に音を聞いただけで両者を区別するのは難しいであろう。その一方で、自動車騒音のような人工的な音は、（その音源は人間が生み出したものだから当然かもしれないが）正解率が高く、聞いただけで何の音かわかりやすいものであった。このような違いは、もしかすると私たちが自然の音、あるいは自然そのものに接する機会が少なくなっていることを意味しているのであろうか。人と音の関わり方は、日頃から私たちがどのような環境で暮らしているのかを映す鏡なのかもしれない。

どのような音であれ、それが生じて私たちに届くまでには、背景にあるいくつもの環境要素が関わっていると考えられる。当然そこにいる私たちも、背景にある環境下でさまざまな状況と密接に関わりながら生活しているはずである。つまり私たちが音を感じると言うことは、音を通して、その背景にある環境の何らかの状況を感じ取っていることに他ならないのではないだろうか。

# 4　おわりに

高度経済成長に伴って生じた環境問題の一つとして構造的騒音が拡大し、さらにライフスタイルの変化とともにかかわり的騒音が生まれた（正確には、騒音をかかわり的なものとして捉えるようになったと言うのが適切であろう）。そして、この流れに沿うように、私たちの生活空間としての環境に対する考え方も、単に規制基準を超えないようにする「基準クリア型」から、基準をクリアした上で、さらによい状況を求めようとする「ベスト追求型」へとシフトしてきている。[3]これは、音環境においても当てはまり、従来は、発生する騒音が基準値を超えれば、その音量を下げるよう対策を施せばよいとされていたものが、より望ましい音環境を実現するために、あらかじめ計画段階からさまざまな環境要素に対して配慮していく方向に変わってきている。

望ましい音環境を考える上では、まず、さまざまな環境要素の中で、音の占める位置づけを理解する必要があるだろう。生活空間は音環境以外にも多くの要素で構成されている。したがって、まずはその環境全体を捉えて、例えばそこでは静けさが必要なのか、それともにぎやかさが必要なのか、さらにそれらがどの程度必要とされるのかといったことを把握すれば、自ずと音環境に関係する他の要素も浮かび上がってくるだろう。すなわち、音環境を通して、それに関わっている多くの環境を捉えるということが、望ましい音環境の実現に向けての第一歩であると思われる。

## 引用文献


(1) 安倍幸治・小澤賢司・鈴木陽一・曽根敏夫（一九九九）．言語による音源情報の予示が環境音の知覚に与える影響．『日本音響学会誌』五五、六九七―七〇六
(2) 青野正二・河内なつみ（二〇一五）．環境音および音源側の評価とコミュニケーションの関係．『日本音響学会騒音・振動研究会資料』三二、一―八
(3) 平松幸三・松井利仁・箕浦一哉（二〇〇一）．環境類似度を用いた音環境評価の試み．『環境衛生工学研究』一五（三）、一九九―二〇四
(4) 岩宮眞一郎（一九九二）．オーディオ・ヴィジュアル・メディアによる音楽聴取行動における視覚と聴覚の相互作用．『日本音響学会誌』四八、一四六―一五三
(5) 岩宮眞一郎（一九九五）．オーディオ・ヴィジュアル・メディアを通しての音楽聴取における大画面再生映像が音楽再生音及び映像の印象に与える効果．『日本音響学会誌』五一、一二三―一二九

（6）岩宮眞一郎・中村ひさお・佐々木實（一九九五）．都市公園のサウンドスケープ—福岡市植物園におけるケース・スタディ．『騒音制御』一九、一九八-二〇一
（7）小松正史・加藤徹・桑野園子・難波精一郎（二〇〇一）．映像刺激の付加による樹木葉擦れ音の印象変化．『日本景観学会誌』二、三四-三七
（8）厚井弘志（一九九七）．音環境を基軸とした地域計画．日本騒音制御工学会（編）『地域の音環境計画』五-三〇　技報堂出版
（9）宮川雅充・鈴木真一・青野正二・高木興一（二〇〇〇）．視覚情報が種々の環境音に与える影響．『日本音響学会誌』五六、四二七-四三六

# 参考図書

・岩宮眞一郎（二〇〇〇）『音の生態学―音と人間のかかわり』コロナ社

本書では、音を聞く主体である私たちの意識や行動に主眼をおき、音というものを、私たち自身によって意味づけられた存在として捉えている。音が、人間や社会の営みの中でどのように聞こえるのかについて述べられている。

・中村健太郎（二〇〇〇）『音のしくみ』ナツメ社

本書では、音自体の持つ不思議な現象や性質などが図解により説明され、音の正体がイメージできるよう工夫されている。私たちが、いろいろな音に対してどのように感じているのかを理解する上で役立つ内容である。

・難波精一郎（二〇〇一）『音の環境心理学　いい音 悪い音』NECクリエイティブ

本書では、音を用いた多くの心理学実験の結果を紹介しながら、私たちにとって、いい音や悪い音がどのような要因で決定されるのかを説明している。実験のバリエーションや方法だけでなく実験のおもしろさが伝わってくる一冊である。

# 第４章　好みを感じる

富田　瑛智

## １　はじめに

私たちは自分の好みをどのように感じているのだろうか。私が好みの感じ方について意識したのは、中学や高校の頃であった。その頃は、皆が自分の好きな音楽、スポーツ、ファッションなどを言い合っていた。友人たちがあれこれと自身の好みを薦め合っていたことを覚えている。私も「この曲良いと思うんだけど聴いてみてくれない？」と音楽のアルバムＣＤを貸してもらった経験や、美術館で洋画の作品展が行われたとき、「あの絵は良いから一緒に見に行こう」と連れていかれた経験がある。しかし、薦められた音楽や絵画は「良い」と言われれば良いような気もするが、私にとってそれらが自分の「好み」の曲や絵画であるとはあまり感じなかっ

**図4-1　自分はどんな好みをもつのだろうか、好みは人それぞれなのだろうか**

た。そのとき、自分の好みとはどんなものなのだろうかと考えたことを覚えている（図4-1）。

われわれは「好み」という言葉を自然に使っているがどんな意味の言葉なのか。『日本国語大辞典』（小学館、第二版）では、動詞「このむ」の連用形が名詞化したもので、「一、好むこと、好くこと、嗜好。二、のぞみ。希望。注文。三、趣向。風流。数奇。四、歌舞伎で、大道具や衣装の趣向やしかけの細部を役者の注文によること」とある。好みという言葉は、幾つかの捉え方があるようだ。私は歌舞伎についての意味は辞書で調べて初めて知った。余談になるが、四は歌舞伎役者が自分の思い通りに舞台を工夫することのようである。

この章では、特に心理学の分野での「好み」について考察する。心理学の分野では「好み」を「選好」と呼ぶことがある。『心理学辞典』（有斐閣）によれば、選好は「複数の対象のうち、ある対象を他の対象よりも良いと評価すること」とされている。選好はいくつかの選択肢と比較して、特定の一つが良いと評価することを示している。『日本国語大辞典』の意味と比較し「選ぶ」という意味合いが追加されているように思われる。

いずれにしても、「好み」は非常に強い好意や欲求ではなく、比較的弱い好意的な感覚を指しているようである。だが、自身の判断や選択が「好み」に影響を受けていることは間違いない。そしてこの「好み」がきっかけとなり、もう少し強い欲求が生まれることもあるだろう。例えば、先に述べた、友達に薦めるなどの行為もそうかもしれない。

この章では、心理学の分野で研究されている目で見ること（視覚入力）と「好み」の関係を中心に記していく。「好み」に関係する現象として取り上げているものの中には、厳密には、「良い」、「魅力的」、「美しい」とは何かに関する研究も含まれている。しかし、これらを含め、「好み」に関わると考えられる心理学実験の研究を取り上げることで、私たちの「好み」がどのように調べられているのかを述べたい。そして、そこから明らかになりつつある私たちの「好み」の一端を述べる。この章を通して、私たちが「好み」をどのように感じているのか考えていきたい。

## 2　自分の好みを知る

自分の好みを知る方法はあるのだろうか。これまで、人間の好みを探るいくつかの方法が提案されている。非常に簡単な方法として、相手に直接「これはあなたの好みですか」と尋ねる方法がある。インタビューなどで何が好きなのか、なぜ好きなのか詳しく聞けばよいのである。もう少しわかりやすく、数字などで（どれくらい好きか他のものと比較しやすい方法で）好みを調べるには、七段階の好き—嫌いの尺度で「○○がどれくらい好きですか」と質問紙で尋ねる方法もある。しかし、これらの方法では、私のように自分の好みがよくわからない場合に、うまく聞き出せないかもしれない。私は無意識に（潜在的に）自身の好みを持っているのかもしれないが、意識的には（顕在的には）わからず答えることができないからである。ここでは、自分では意識していない好みを測定する方法を紹介しよう。

グリーンワルドらは、一九九八年に潜在連合テスト（ＩＡＴ、インプリシットアソシエーションテスト）を開発した。[2] ＩＡＴはコンピュータを使って自分が持つ潜在的な差別意識を検出するテストである。このテストで測定できるのは、例えば、太った人と痩せた人がいたときに、どちらを好意的に思っているかや、白人と黒人のどちらを好意的に感じているかなどである。このテストは複雑なので、以下に順を追って説明しよう。

例えば、ＩＡＴで、太った人と痩せた人のどちらを潜在的に好んでいるかを調べるとしよう。テストでは最初に、コンピュータの画面中央に太った人、または痩せた人が表示される。参加者は、画面に太った人が表示された場合、右手でキーボードの「Ｉ」のキーを、痩せた人が表示された場合は左手でキーボードの「Ｅ」のキーをできるだけ速く押す課題を行う。これを複数回、連続で行う。

次に、画面中央に単語が表示される。表示される単語が「恥をかく」「不吉な」などといった悪い意味の単語（ネガティブ語）であった場合は、右手で「Ｉ」を、「素晴らしい」「楽しい」といった良い意味の単語（ポジティブ語）であった場合は左手で「E」をできるだけ速く押す課題を行う。

単語課題が終わると、次に、先に述べた二つの課題を混ぜて行う。つまり、太っている人か痩せている人かの判断と、ネガティブ単語かポジティブ単語かの判断を同時に行う。少しややこしいが、画面には太った人（あるいは痩せた人）か、単語のどちらかが表示され、太った人、もしくはネガティブ語が出てきた場合は右手で「I」のキーを押す。対して、痩せた人かポジティブ語が出てきた場合は、左手で「E」のキーを押す。IATでは二つの判断を同時に行うときの、ややこしいな、という感覚を利用する（図4-2）。

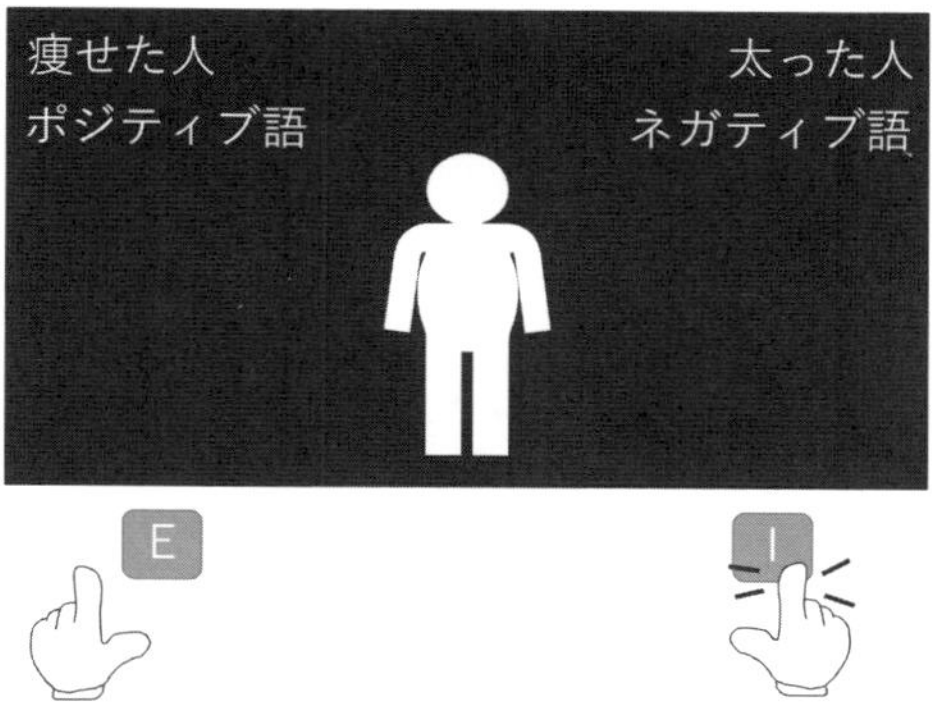


図4-2　IATの画面の例。提示される人の体型または単語の意味を判断して、指定されたボタンを選んで押す

続いて、画面に人のみが表示されるが、今度は痩せた人に対して右手で「I」キーを押し、太った人に対して左手で「E」キーを押す。つまり、人を判断する手が逆になる。

最後に、また、人と単語の判断を混ぜて行うのだが、人の判断で押すキーはひとつ前と同じで、逆になっている。つまり、痩せた人とネガティブ語は右手で「Ｉ」キーを、太った人とポジティブ語は左手で「Ｅ」キーを押す。人に対して反応する手は入れ替わっているが、単語を判断する手は入れ替わらない。そうすると、キー押しに少し引っ掛かりを感じながら判断を行うことになる。場合によってはイライラするかもしれない。

少し長かったが、以上がＩＡＴの手続きである。このテストでは、参加者がそれぞれの課題でキーを押すまでにかかった時間（反応時間）が記録される。そして、その反応時間を利用して、潜在的な好みを測定する。

ここでは、ある人Ａが太った人に対して潜在的にネガティブな気持ち（イメージ）を持っていたとする。テストでは、最初、太った人とネガティブ語に対して、右手で反応（キー押し）を行っていた。この操作は、右手に太った人とネガティブ語という組み合わせを覚えさせることを目的に行われた。Ａが太った人に対してネガティブなイメージを持っている場合、ネガティブ語に反応する右手と太った人に反応する右手は心の中で特に引っ掛かりもなく処理される。

反対に、太った人と、ポジティブ語へのキー押しを右手で行うときは、心の中で大きな食い違いが生じ、右手のキー押しの反応が少し遅れる。ＩＡＴでは、このネガティブ語と太った人を同じ手で反応したときにかかった時間と、ポジティブ語と太った人を同じ手で反応したときにかかった時間の差を見ることで好みを測定することができる。参加者Ａの場合、太った人とネガティブ語を同じ手でキー押ししたときの反応時間は、太った人とポジティブ語を同じ手でキー押ししたときの反応時間よりも短くなる。もう少し簡単に言うと、「太った人＝ネガティブ」と考えている人にとって、「太った人＝ポジティブ」は無意識のうちに心の中で引っ掛かりを生み、キー押しの反応が少し遅れるのである。この遅れは、心の中での太った人とネガティブの関連性が強いほど大きくなる。つまり、太った人とポジティブ語を同じ手で反応するときの時間がさらに長くなり、太った人とネガティブ語を同じ手で反応する時間との差が大きくなる。

ＩＡＴは心の中の引っ掛かりを利用して好みを調べる手法である。直接どちらが好きか尋ねることはしないが、テストを受けた人が、対象に対してどのように思っているかを調べることができる。この手法は、社会的に正しい答えがある事項、例えば、人種差別に関わる好みなどを測定するときに非常に有効な手法とされる。

このＩＡＴはインターネット上のサイトでたくさんの種類が公開されている。「ＩＡＴテスト」と検索して、実際に試してみるとさらに理解が深まるだろう。試してみると意外な好みが明らかになるかもしれない。私も裏表なく物事に接したいと思っているが、テストの結果で裏（自分にはないと思っていた好み）が鮮明になることもある。ところで、ＩＡＴで測定される好みは、どのようにして決まっているのだろうか。次の節では好みと経験（過去にどのようなものと接したか）の関係について述べる。

## ３　好みと経験

好みはいつ決まるのだろうか。物心がついた頃には決まっているのだろうか。私は、学生の頃、自分の好みは生まれ持って（生得的に）決まっていると思っていた。先に述べた音楽を薦めてくる友人は、自分の持つ好みに合致した音楽を見つけたのだと思っていた（今思うと、人にそれぞれ決まった異なる好みがあるのならば、自分の好みを友達に薦めても同意してもらえる確率は低いので、自分の好みを薦めるのはおかしな行為である）。そこで、私は自分の好みの音楽を探すため、レンタルＣＤ店に通い、棚に並んでいるＣＤをＡからＺまで順番に聴いてみた。当時は、自分で借りて聴くことを義務のように思いつつ、約一年間続けたが、結果的に好みと感じられる曲には出会えなかった。ただし、後になって気づいたが、借りた曲がどこかで流れているのを耳にすると、借りた当時にそれほど良いとは思っていなかった曲も、不思議と良い曲に感じるようになっていた。初めて聴いたときよりも、もう一度聴いたときの方が曲に対してよい印象を持ったのだ。

### (1)　経験で作られる

ザイアンスは一九六八年の論文で、好ましいと感じることと、その対象とどれくらい接しているか（経験）の関係を検討した。(9) ザイアンスは、まず日常的に使われている英語の反意語のペアを一五四組作成しアメリカの大学生に見せ、好ましいと感じる語を選んでもらう課題を行った。その結果、一二六組で、日常的に使われる頻度が高い単語が好ましい単語に選ばれた。日常的によく使われる単語がなんとなく良い印象を持たれていることを示したと言える。

さらにザイアンスは、日常的によく使われる単語が好ましいと判断されたのは、好ましいから使われる頻度が高いのか、使われる頻度が高いから好ましいと判断されたのかについて、実験で検討した。ザイアンスは、大学生がほとんど見たことがないトルコ語を用いて、見る頻度が好ましさに与える影響を検討する実験を行った。実験では、七文字のトルコ語一二語を、〇回（好ましさを答えてもらう段階まで見せない）、一回、二回、五回、一〇回、二五回ずつ大学生に見せた。その後、見せた単語の好ましさの程度を「良い―悪い」の七段階尺度で答えてもらった（良い＝六点、悪い＝〇点）。

その結果、大学生は初めて見る（〇回見た）トルコ語に対して約二・七点を付けたが、二五回見たトルコ語には約三・八点を付けた。つまり、大学生は見た頻度が高い単語ほど、好ましい（良い）と判断したのである。さらに、ザイアンスは、接触する対象を男性の顔写真に変えた実験を行っている（図4-3）。その場合も結果は同じで、接触回数が多いほど好ましいと判断されていた。ザイアンスの研究で明らかにされた現象は、単純接触効果と呼ばれる。単純接触効果は、対象（単語や人の顔）との単なる接触の繰り返しにより、接触した対象の好ましさが高まる現象である。何度も見たことがあるものはそれだけで好ましく感じるということである。

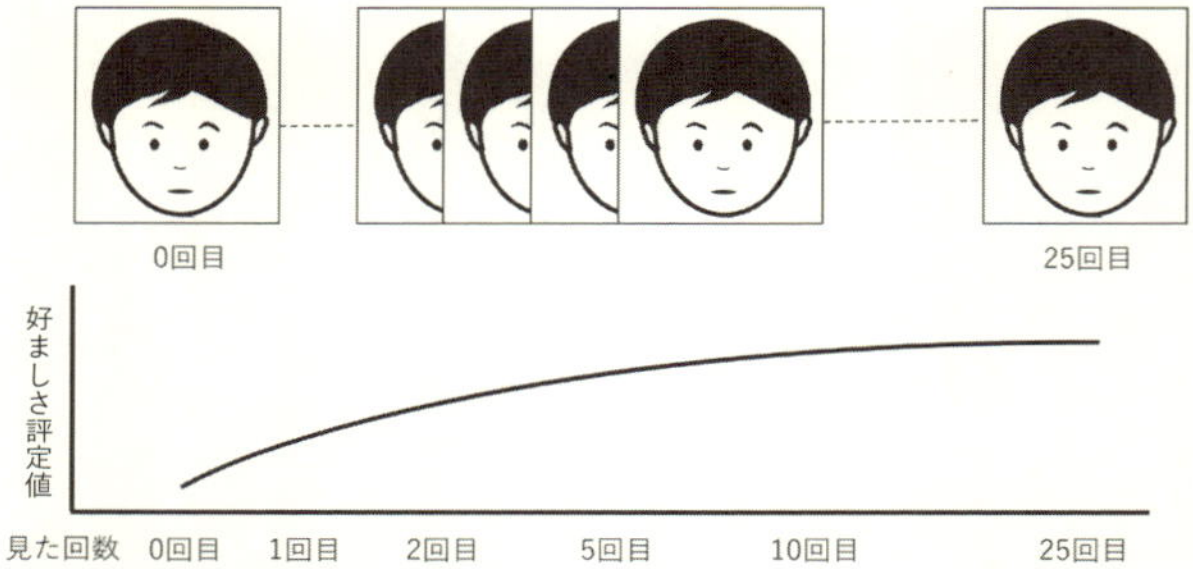

図4-3　単純接触効果。見れば見るほど好ましく感じるようになる

ザイアンスは、繰り返し接触することで好ましさを感じるのは、それが新しいものに対する不安感や恐れを低下させ、相対的に親近性を増加させるためだと考えていた。ザイアンスは、そのことを次のような方法で示した。皮膚に二つの電極を貼りつけ、そこに弱い電圧をかけると、電気の流れやすさ（コンダクタンス）を測定できる。何かに出会って興奮すると、交感神経の働きにより汗腺活動が高まり、皮膚に電気が流れやすくなる。新奇な対象に不安や恐れを感じると、興奮して大きな皮膚コンダクタンス反応が生じる。初めて見るものが何かわからないと身構えてしまい、手に汗をかくのと同じである。ザイアンスの実験でも接触回数が増えるとともに皮膚コンダクタンス反応は低下し、あまり興奮しなくなることがわかった。初めて見るものや初めて訪れる場所よりも、よく見るものやよく知っている場所の方が安心できるのは経験的にわかる。私たちは、過去に接触した経験が多いものほど好ましいと感じている可能性が高い。

ザイアンスの実験は、主に目で見たものの好みの研究であった。この経験と好みの関係に関しては後に非常に多くの研究が行われ、概ねどのような対象に対しても、どのような感覚器官、つまり、耳で聞くことや、味わうこと、においを嗅ぐことでも生じることがわかっている[1]。

一方で、新奇なものほど好まれる場合もある。目新しいものを好ましいと思う場合、である。過去に経験があるものを好ましく思うことを親近性選好と言い、反対に新しいものを好ましく思うことを新奇性選好と呼ぶ。乳幼児は成人より新奇性選好が高いことが知られている。乳幼児の新奇性選好や乳児の好みをどうやって調べるかなどについては第二部五章の「他者を感じる」を参照してほしい。成人は親近性選好の方が強いようだが、対象によっては新奇性選好が強くなることもあるようである[6]。

## ⑵　経験を覚えていること

過去に接触したものに対して好ましいと感じるのは、接触したことを覚えているからなのだろうか。前の項では、単純接触効果を取り上げ、見たことがあると安心感などから好意的に思う可能性に触れた。ただし、見たことがわかるには、見たことを覚えている必要がある。過去の経験の効果が、見たことを覚えているから生じるのであれば、見えたとわかる場合や見たことを覚えているときだけ、好ましいと感じるようになるはずである。しかしながら、単純接触効果は見たことを覚えていなくても生じることが知られている。

接触の繰り返しによる好みの増加（単純接触効果）は、接触したことが顕在的にわからなくとも起こることが明らかになっている。顕在的とは、見えたとか聞こえたとかを、はっきり意識できることである。つまり過去に見たことがわからなくとも単純接触効果は起こるとされている。クンスト＝ウィルソンとザイアンスが一九八〇年の論文で示している(3)。彼らは大学生に異なる八角形一〇個を五回ずつ見せた後、それらと初めて見る八角形一〇個とを一つずつ左右に対にして見せた。ただし、八角形を五回見せる際の表示時間は一ミリ秒（一〇〇〇分の一秒）と非常に短い時間であった。これは意識的には見えたと感じられない時間である。一方、対にして八角形が表示されたときは、一秒間表示されたため、十分見る時間があった。対にして八角形を表示したとき、参加者は「先ほど短時間提示されていた図形はどちらか」と「どちらの図形が好きか」を判断した。クンスト＝ウィルソンらの結果では、一ミリ秒表示した図形を見たと判断できた割合は四八％であった。対して、どちらの図形が好きか判断した場合、一ミリ秒提示された八角形が六〇％で選ばれた。見たと判断できた割合が四八％であることは、「見た―見ていない」の二択の判断の際、見たと判断できた率が統計学的に偶然のレベル（チャンスレベル）であることを示していた。一方、「どちらの図形が好きか」という判断では、一ミリ秒提示された八角形が六〇％の割合で選択されており、二四名の参加者のうち一七名が過去に見せた図形を選んでいた。この値は、チャンスレベルと違いがないくらい小さな値に感じるかもしれないが、統計的にはチャンスレベルと有意な差があった。有意な差とは、差が得られたのは偶然ではなく、その差には意味があるということである。これは、繰り返し接触することで、接触した対象が好ましいと評価されるということ、さらに、接触したという意識が無くともその効果が生じることを示している。われわれは接触したという意識がなくとも、接触した経験があれば、接触した対象を好ましく感じる可能性がある。

この効果は、接触した経験を忘れてしまった場合も生じる。クンスト＝ウィルソンとザイアンスの研究では、接触の時間が一ミリ秒と非常に短かった。そのため、実験に参加した人々は、接触の経験を意識することができなかったはずである。一方で、一つ前のザイアンスの研究（単語や顔を見せた研究）のように、接触の経験を意識できる、または覚えることができる状況で繰り返し接触した後、その対象を思い出すことができなくなった場合でも、この経験の効果は持続することが多くの研究で示されている。[1]つまり、われわれの好みは、記憶や意識ではなく、過去に接触を経験したかである程度決まることを示している。

## 4　好みの解釈

ここまでで、過去に見たことを意識できなくても（覚えていなくても）、見た経験があれば、好ましく感じる可能性について記した。これは、初めて見るような気がするけれど（実際には過去に見たことがあるが）、好みに思うものがあることを示している。そのとき、私たちはどう考えるだろうか。素直に好みのものに出会えた、うれしい、とだけ思うだろうか。もしかすると、ななぜわたしはこれが好きなのか、考えるかもしれない。

### (1)　理由を考える

好きなものを選んだとき、私たちは選んだ理由を後づけで語ってしまうことがある。山田と外山は二〇一〇年の論文で好みの洗剤のロゴを選ぶ際のメッセージの効果を調べている[8]。論文では洗剤のロゴ二〇枚のうち一〇枚を九回、別の一〇枚を三回見せた。その後、見せた回数の異なるロゴを左右に提示して、「購入する必要があるとすればどちらを選ぶか」を大学生に選ばせた。山田と外山は、洗剤のロゴを見せるとき、一つの条件ではロゴのみを見せたが、別の条件では、ロゴにそれぞれメッセージを付け加えて見せた。それらのメッセージは洗剤の効果や機能の説明であった。そして最後に、「選択の決め手となったのは何か」を答え、ロゴとメッセージを別々に「まったく良くない」から「非常に良い」の七段階で評定させた。

実験の結果、九回見せたロゴが選ばれた率は五八・九%であり、チャンスレベルより高かった。メッセージを付け加えた条件では、九回見せたロゴが選ばれた率が七〇・七%とさらに上がっていた。九回見せたロゴが選ばれたのは前述の単純接触効果によると考えられるが、メッセージを付け加えることで選ばれた率がさらに上昇した。これは参加者が自身の好みの原因をメッセージに帰属させたためと考えられる。帰属とは、自身の好みはメッセージによるものだと思うことだと考えてほしい。この章を最初から読んでいる人は、単純接触効果の知識があるので、単なる繰り返しが好ましさを生むことを知っている。しかし、この実験参加者が単純接触効果について詳しく知っていた可能性はさほど高くはないだろう。だとすれば、参加者は、なぜ自分が一方を好ましく思っているのかわからない。そこに、選ぶ理由になるメッセージ（洗剤の効果や機能の説明）があると、自身が好ましく思った理由をメッセージによるものだと誤って認知し、メッセージ付きの条件で選択率が上昇したと考えられる。

この結果は、好みの理由を後づけしてしまうことと同時に、好みに対して自分が考える正当な理由がない場合、直接好みを聞いてもうまく答えられない（聞き出せない）可能性を示す。そのため、好みの理由を回答してもらうことは、なぜ好みに感じているのかを正確に反映した答えを得られない可能性があることを示す。

### (2)　なぜ経験が好みになるのか

過去に見た経験があるものを好ましく感じるのは、親しみを感じる（親近感を感じる）ためだと理解するのは難しくない。一度訪れたことのある町は、なんだか良いものに感じるのも似たような感覚だろう。一方で、見たことがあると覚えていないものに対しても好みを感じるのはなぜだろうか。

覚えていなくとも、見たことが好みにつながるのは、脳内の情報処理のしやすさ（流暢性）が関わっていると考えられている。私たちは、あるものが何なのか判断するとき、初めて見たときよりも二回目以降に見たときの方が、素早く判断できる。簡単に言うと、一回目より二回目のほうがわかりやすくなることと考えてほしい。私たちがものを見たとき、それが何か判断するために脳内で見たものの情報処理が行われる。ある処理が一度でも行われると、それに関わった脳内の処理経路は、ほかの経路よりも素早く処理ができるようになる。そのため、一度見たものは、初めて見るものよりも、何かわかるまでに要する時間が短くなる。例えば、「○ら○もて」という虫食い単語を埋めてみてほしい。もしかするとすぐに埋めることができるかもしれない。すぐ埋めることができた人は、最近この単語をどこかで見たか、この章を最初からくまなく読んだ人である。（この単語はこの章のどこかに書かれているのだが、覚えているだろうか）この例は、単語であったが、見たことのあるものの処理が素早くなること（プライミング効果と呼ぶ[4]）は、さまざまな対象に生じるとされている。そして、この脳内の素早い処理は、好みのようなポジティブな感情と関係することが指摘されている。

ウインキールマンとカシオポは二〇〇一年の論文で対象の処理の流暢性がポジティブ感情につながっていることを示している[7]。この論文では、対象を見ているときの顔の筋肉の動きに注目し、処理の流暢性とポジティブ感情の関係を調べている。特定の顔の筋肉は、意識しなくてもポジティブな感情やネガティブな感情に伴って動くことが知られている。具体的には、うれしいと口角が上がることや、不安になると少し眉間にしわが寄ることである。ウインキールマンとカシオポは画像の上にドットをたくさん散りばめたわかりにくい画像（処理の流暢性が低い画像）と、そのドットをすべて取り除いたわかりやすい画像（処理の流暢性が高い画像）を参加者に見せて、画像がどれくらい好きか（または嫌いか）を判断させた。そして、それらの画像を見ているときの参加者の顔の筋肉（大頬骨筋）の動きを測定した。大頬骨筋は頬骨から口角の両端の皮膚に付着した筋肉であり、うれしいなどのポジティブな感情が喚起されたときに活動する（口角を上げ笑顔にする）筋肉である。ウインキールマンとカシオポは、画像の流暢性によって、大頬骨筋の活動量が異なるのかについて調べ、画像の処理の流暢性とポジティブ感情の関係を検討した。

その結果、ドットを散りばめた画像を見ているときの大頬骨筋の活動に比べ、ドットを取り除いた画像を見ているときの大頬骨筋の活動が大きいことが示された。これは、処理の流暢性が高い画像を見たときのほうが、口角を上げる筋肉が大きく動く、つまりポジティブな感情が喚起されているということである。そして、ドットを取り除いた画像のほうが参加者の好きという評定値が高かった。これは、処理の流暢性の高さが直接、快感情に関係することを示したと言える。ウインキールマンとカシオポの研究は、接触を経験して処理が流暢になるだけで、その対象が好意的に感じられる可能性を示している。つまり、過去に接触したという経験は、脳内で流暢性が増し処理されやすくなり、それが直接的に好みに関係していることを示している。

見たことがあるものは、覚えていなくとも処理しやすくなる（流暢になる）こと（プライミング効果）、処理しやすい（流暢に処理できる）対象は好意的に感じられること（ウインキールマンとカシオッポの研究）について取り上げた。この二つを組み合わせて考えると、見たことがあれば、好みになると言えそうである。つまり、過去に見たことがあるものは、それだけで、初めて見るものよりも好みに感じられる可能性があると言えよう。

## 5　経験の影響の強さ

その他にも、過去の接触経験により、私たちの好みが変化することを示した研究は数多く存在する[1]。ある程度の接触回数までであれば、どのような対象であっても繰り返し接触することで好ましくなるとされる。

われわれの好みは、これまでにどのようなものと接してきたかという経験にもとづいて、ある程度決まっているのかもしれない。しかし、接触経験による好みへの影響はそれほど大きくない。先に述べたザイアンスの研究では、二五回見たときに好ましさの評定値が七段階評定で一つ上がる程度（例えば二・七から三・八）であり、クンスト＝ウィルソンとザイアンスの研究では繰り返し提示した対象の選択率は六〇％であった。評定値が一上がるのはあまり大きな変化ではないと感じるかもしれないし、五〇％に比べると六〇％という数字もあまり高くないように思える。これらは統計学的に意味のある数字であるが、接触により非常に強い欲求が生まれたとは言い難いだろう。一方で、接触により強い好み（購買意欲）が生じたとする実験もある。

ヴィカリーは一九五七年に映画館で、「コカ・コーラを飲め」「空腹？　ポップコーンを食べろ」と五秒に一回、三〇〇〇分の一秒ずつ映画のコマの間にメッセージを挟んだ。その結果、映画館でのコカ・コーラの売り上げが一八・八％増え、ポップコーンの売り上げは五七・五％も増えたと主張した。この話は、サブリミナル効果[5]を説明するときによく取り上げられるので知っている人もいるかもしれない。ヴィカリーの実験結果はきわめて劇的だが、この実験は実際に行われたのか疑わしいと多くの疑問が投げかけられた。後に同じ結果が得られるか同様の実験が行われたが、ヴィカリーのような劇的な結果は得られなかった。ヴィカリー自身も、自身が行ったとする実験の結果が疑わしいことを認めており、この効果が存在するかは明らかになっていない[5]。

ある対象への接触の繰り返しが人々の好みに影響を与え、接触した対象が好きでたまらなくなるとか、接触経験が多いものを買ってしまうといった、実際の行動に影響するかは現在もはっきりしていない。ただし、接触により人々の好みが変化し、行動が幾分か影響を受けていることは間違いないだろう。例えば、『シリーズ人間科学1　食べる』で述べられているように、摂食行動における好き嫌いは、大きな影響力を持つ。ここでは主に視覚的な「好み」について述べていることに留意してほしい。

## 6　おわりに

「好み」について、調べる手法および、経験が関係するいくつかの実験研究を取り上げてきた。少し主観性本位の内容ではあったが、ここで取り上げた好みの多くは、私たちが普段意識しないうちに生じる好みであった。私たちの「好み」はある程度、自分が意識しないところで決まっているのかもしれない。

この主張は第一章で述べられている「ずれ」を感じさせるかもしれない。それは、私たちが自分の「好み」を自身で決めているという思いがあるからではないだろうか。筆者も、店舗で服を購入した後、一緒に来ていた友人に購入した服を見せると、店の入り口にある見本と同じだと指摘され（実際同じだった）、もやもやした気持ちになったことがある。第一章の「ずれ」の話と重複するが、自分が思う「好み」と測定された「好み」が異なるのは興味深い点である。「好み」を調べ、自身が知る「好み」と実際の「好み」の差、その成り立ちを理解しようとすることは、人間の行動を理解する上で重要となるだろう。

本章では触れることはできなかったが、近年はコンピュータによる機械学習（マシンラーニング）が有効に利用できるようになったこともあり、実験室ベースではなく、既存の行動データをもとにして好みを分析する研究も進められている。機械学習とは、与えられた情報をもとに学習し、自律的に情報の中の法則性やルールを見つけ出すプログラムを作り、人間の学習法則や過程を推測しようとする技術や手法のことを言う。例えば、あるインターネットの通販サイトで買いものをすると、買った商品を五つの星で評価し、購入した感想をカスタマーレビューとして書くことが求められる。購入者の感想を読んでみると、その商品を選んだ理由や、商品の良し悪しが事細かに書かれている。そのネット通販サイトでは星やカスタマーレビューの内容といった情報から、購入者の好みを推定し、おすすめ商品の紹介などを行っている。さまざまな企業や研究者によって、これに類似するような手法で、購入者の好みを推定する手法の研究が進められている。しかし、実際に利用した人はわかるかもしれないが、ときにはおすすめ商品の紹介はそれほど的を射ているとは感じられないこともある。今後の発展が望まれる分野だと言えよう。

私たちは、日々非常にたくさんの選択を行いながら生活している。その中の多くは、今日どの服を着るかなど、あまり重要でない選択である。このような選択は、本章で述べた「好み」にしたがって行われている可能性もあるだろう。また、何気ない「好み」の背景には何があるのだろうか。自分がなぜそれを好みと思ったのか、なぜその行動をしたのか、その背景に好みは関係しているのかなど、深く考えてみると面白いかもしれない。

## 引用文献


（1）Bornstein, R. F.（1989）. Exposure and affect: Overview and meta-analysis of research, 1968–1987. *Psychological Bulletin*, 106, 265–289.

（2）Greenwald, A. G., McGhee, D. E., Schwartz, J. L. K.（1998）. Measuring individual differences in implicit cognition: The implicit association test. *Journal of Personality and Social Psychology*, 74, 1464–1480.

（3）Kunst-Wilson, W. R., Zajonc, R. B.（1980）. Affective discrimination of stimuli that cannot be recognized. *Science*, 207, 557–558.

（4）太田信夫（一九九一）：直接プライミング効果：『心理学研究』六二、一一九–一三五

（5）坂元章・森津太子・坂元桂・高比良美詠子（編著）（一九九九）：『サブリミナル効果の科学』学文社

（6）富田瑛智・松下戦具・森川和則（二〇一三）：部分遮蔽刺激を用いたアモーダル補完時の単純接触効果の検討：『認知心理学研究』一〇、一五一–一六三

（7）Winkielman, P., Cacioppo, J. T.（2001）. Mind at ease puts a smile on the face. *Journal of Personality and Social Psychology*, 81, 989–1000.

（8）山田歩・外山みどり（二〇一〇）：もっともらしい理由による選択の促進：『心理学研究』八一、四九二–五〇〇

（9）Zajonc, R. B.（1968）. Attitudinal effects of mere exposure. *Journal of Personality and Social Psychology*, 9, 1–27.

# 参考図書

・竹村和久（編著）（二〇一八）『選好形成と意思決定』勁草書房

選好に関係する研究が幅広い範囲で紹介されている。導入としては少し難しいかもしれないが、古典から近年までの研究が紹介されているので一読の価値がある。

・宮本聡介・太田信夫（編著）（二〇〇八）『単純接触効果研究の最前線』北大路書房

本章で紹介した、単純接触効果に関わる研究が歴史的な流れから詳しく書かれている。少し古い書籍なので、近年までは網羅されていないが、本章で紹介した研究のその後について理解が深まる。

・トム・ヴァンダービルト（二〇一八）（桃井緑美子訳）『好き嫌い　行動科学の最大の謎』早川書房

人々の好みを調べる取り組みが現在どのように行われているか広く記載されている。実際の購入場面での調査まで含まれており、心理学にとどまらず、行動経済学や機械学習の事例なども紹介されている。

第2部

# 人と人の間で感じる

# 第5章　他者を感じる

上野　将敬

## 1　はじめに

人は、他者とともに生活をする社会的な動物である。家族、友人、恋人など、さまざまな相手とやりとりをする。その中で、他者が一人一人異なる存在であることをあまり意識せずに感じ取っている。このような能力がなければ、目の前の人が普段よく会っている相手なのかわからないため、継続的な関係は築けない。相手にお金を貸したとして、貸した相手が誰かわからず、お金を返してもらえないなどの問題もあるだろう。一人一人違いのある他者を感じる能力は、我々の生活に必要不可欠なものである。

他者を識別するとき、重要な手掛かりとなるのが顔だ。稀に、顔を見分けることのできない、相貌失認という症状を示す人がいる。例えば、ある俳優は相貌失認に悩まされていることを公表しており、知り合いに「はじめまして」と声をかけてトラブルになったことなどを告白している。顔を見分けることによって、人は、他者の違いを感じ取り、円滑な社会関係を築いていると考えられる。

多くの人は、当たり前のように他者の顔を識別していると思われるが、顔を識別することは、それほど「当たり前」なことではない。例えば、「外国人の顔がみんな同じに見える」といった言葉を耳にすることがある。もちろん注意深く見れば、人種の異なる人でも、その顔に差異があることはわかるが、日本人の顔を見るときと比べると、外国人の顔の違いを感じ取ることを難しいと思う人が多いのではないだろうか。これは日本人に限った話ではなく、欧米圏などで暮らし、アジア系の人を見る機会の少ない人たちには、アジア系の人の顔は見分けにくく感じられるようだ。

筆者は、人の乳幼児とニホンザルの社会性を研究している。学生の頃、初めて野生のニホンザル集団を間近で観察したときには、活発に動き回るサルたちに圧倒され、どのサルもみな同じような顔に見えた。その後繰り返しサルを観察する中で、それぞれのサルの姿形が違うことを感じ、見分けられるようになった（図5-1）。

このように、日本でずっと暮らしている人であれば、同じ日本人の顔は容易に識別できるが、違う人種、さらには種の違う動物の識別は比較的難しく感じられる。しかし、筆者がニホンザルを観察する中で感じたように、対象を見る経験を積むことによって、個体識別の能力を獲得することもできる。顔を識別し、多様な他者を感じる能力は、どのように形成されるのだろうか。本章では、比較発達心理学の観点から、顔の識別能力が、乳児期から成人期に至るまでの発達の過程で、どのように獲得されて、変化していくのか考えていきたい。

発達という観点から、顔を識別し、多様な他者を感じる能力について考えることはとても興味深い。他者の見分け方を乳幼児が誰かから教わることはおそらく少ないだろう。にもかかわらず、人は他者の顔を見分けることができる。このような識別能力は、人以外の霊長類とも共有していると考えられる[7]。他者の顔を見て、その違いを感じ取る能力は、霊長類などの社会的動物が進化の過程で身に着けた能力なのかもしれない。したがって、顔の識別能力の発達過程を探ることは、生物としてのヒトを知ることと深く関連しており、「氏か育ちか」といった、発達心理学や人間科学における重要なテーマの一つを解き明かすことにもつながる。

図5-1　冬に体を寄せ合うニホンザルの母（右）と娘（左）（岡山県真庭市神庭の滝自然公園付近に生息する勝山ニホンザル集団）

人の特徴は、何かと比較することで見えてくる。例えば、「あの山は高い」と言ったところで、その山がどの程度高いのかはわからない。六甲山や富士山などの比較対象を作ることで、人はその高さを具体的に想像できる。筆者は学生時代からニホンザルの社会行動を研究し、サルとの比較によってヒトの心を探ってきた。その後、ニホンザルの研究を継続しつつ、人の乳幼児を対象として他者と関わる心の発達過程を探っている。最近では人工知能の研究も取り入れ、人工知能にはない人の特徴を知りたいと思っている。本章では、顔を識別し、多様な他者を感じる能力の発達過程や特徴について、さまざまな発達段階の乳幼児や成人、人工知能の間で比較することで考えていきたい。

## 2　新生児による顔識別能力

人の乳児は、成人に比べて、かなり未熟な状態で生まれてくるため、自力での活動が難しく、養育者から世話をしてもらうことで生き残れる。相手が自分の養育者なのかどうかを識別できなければ、危険にさらされるリスクが高くなり、人の乳児が生き残ることは難しくなるだろう。生後間もない新生児は、顔の識別に関してどのような能力を持っているのだろうか。

## (1)　顔を見る

新生児の視力は〇・〇二程度しかないため、新生児は、外界をぼんやりとしか認識できないと考えられている。にもかかわらず、生後間もない時期から、乳児は、他者の顔をじっと見つめる性質を持つ。研究のため筆者は、人間の六ヵ月齢や一二ヵ月齢の乳児と接する機会があった。その際に、六ヵ月齢の乳児は、一二ヵ月齢の乳児に比べて、初めて会った筆者の顔をじっと見つめてくるという印象を受けた。

月齢の低い乳児が顔をじっと見つめるという印象は、実験結果からも報告されている。例えば、同心円や縞などの図形よりも、乳児は顔のような図形を長く見つめる。[2] しかし、目や口などのパーツをでたらめに配置した場合には、乳児はあまり注意を向けなくなる。[3] つまり、乳児は、顔の特徴を持つ図形に注意を向けるが、個々のパーツに注意を引き付けられているわけではなく、口の上に鼻があり、鼻の上に二つの目があるという顔のパターンに注意が引き付けられていたのだと考えられる。乳児は、このように相手の顔をじっと見ることによって、他者の顔を覚えていくのかもしれない。

## (2)　顔を識別する

ところで、乳児が相手の顔を見分けたり覚えたりしているかどうかを、どのようにして調べればよいだろうか。言葉を理解し、使用できる年齢の子どもであれば、直接質問をして、顔を

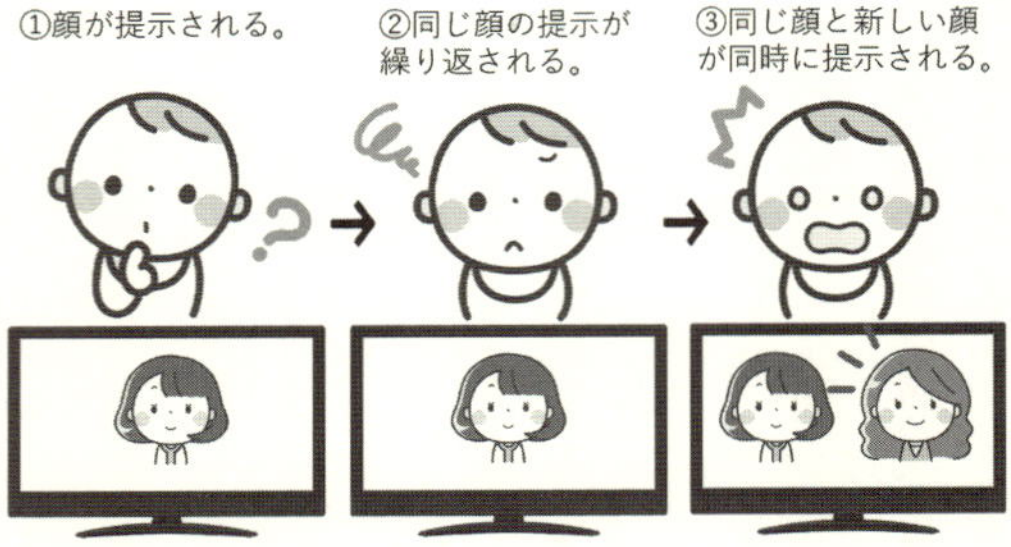


図5-2　新奇選好を利用した実験の手続き

識別しているか調べられるだろう。しかし、言葉によるコミュニケーションをほとんど行えない乳児では、同様の方法を用いることはできない。

　乳児を対象とした顔の識別研究では、選好注視や新奇選好と呼ばれる視線の性質がよく用いられる。人が何かを見つめるとき、そこにはさまざまな理由がある。好ましいと感じていたり、興味を持ったりしている対象を見つめる性質のことを、選好注視と呼ぶ。例えば、生後三日くらいであっても、母親と別の成人女性が並んで顔を見せると、乳児は母親の方を長く見つめるという(1)。母親は、乳児にとって必要な養育行動を行ってくれる好ましい存在であるため、母親のほうを長く見たのだと解釈できる。このような結果から、乳児は生後数日の時点でも母親の顔と他の女性の顔を区別できることがわかる。

　それでは、母親以外の人の顔を、乳児はどの程度識別できているのだろうか。乳児には、あるモノに慣れた後で、別の新しいモノが提示されると、その新奇なモノに注目する性質がある。この性質を、新奇選好と呼ぶ。他者の顔を識別できるのかを調べるために、この新奇選好が利用されることがある。ある人の顔を繰り返し乳児に提示すると、乳児はその顔に慣れて、だんだんその顔を見なくなる。その後、同じ人の顔と全く別の人の顔を同時に提示する。このとき、繰り返し提示された顔と新たに提示された顔を区別できていれば、乳児は、後者の新奇な顔の方を長く見つめると考えられる（図5-2）。このような方法を用いた研究では、生後六日以内の新生児が、繰り返し提示された顔と比較して、新しく提示された顔を長く見る傾向が示されている。つまり、生まれて間もない新生児であっても、見知らぬ人の顔を見分けられるということである。(9)

## 3　乳児期における経験の影響

前節で述べた通り、生後初期の乳児でも、他者の顔に注意を向け、他者の顔を識別することができる。社会生活を営む人の進化過程において、顔を識別する能力が重要であったために、誰に教えられなくても、ある程度の識別能力を生得的に備えているのだと考えられる。しかし、新生児の時点では、乳児はそれほど優れた能力を持っているわけではない。顔の識別能力は、乳児期の経験に伴ってどのように変容していくのだろうか。

### (1)　失われる能力

顔の識別能力における発達変化を調べるために、新奇選好を利用して、六ヵ月齢と九ヵ月齢の乳児、そして成人が同人種やサルの顔を区別できるのか検討された。図5-3に示したのは、実際に使用された顔画像である。なお、サルの画像にはおそらくアカンボウの写真が使用されており、サル研究者の端くれである筆者も見分けるのは非常に難しい。先ほど述べた方法に従い、人とサルの顔に新奇選好が見られるかを調べたところ、六ヵ月齢児は、人の顔とサルの顔の両方で新奇選好を示した。しかし、九ヵ月齢児や成人は、人の顔でのみ新奇選好を示し、サルの顔では新奇選好が見られなかった。これらの結果は、六ヵ月齢児は人の顔もサルの顔も見分けることができるが、九ヵ月齢以降では、人の顔しか識別できなくなってしまうということを示している[8]。

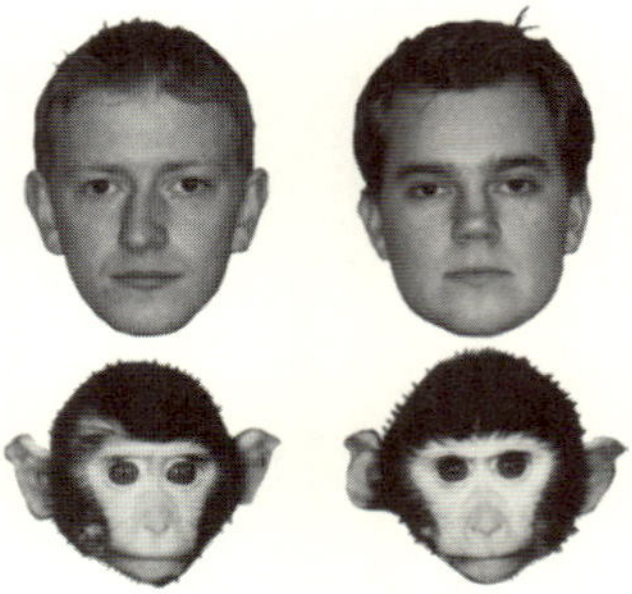

**図5-3　実験で用いられた人とサルの顔画像**

（Pascalis et al.(2002) より転載(引用文献7)）

九ヵ月齢以降に識別が難しくなるのは、サルの顔だけではない。例えば、サルの顔ではなく、実験参加者にとって他人種の人の顔を用いた研究が多くある。やはり、六ヵ月齢やさらに幼い月齢の乳児は、他人種の顔でも見分けられるが、九ヵ月齢以降になると、自人種の顔は識別できても、他人種の顔は識別できなくなることが報告されている[4]。本章のはじめに、他人種の人の顔は、自人種に比べて、成人にとって識別が難しく感じられることについて触れたが、そのような傾向は生後一年間ですでに見られるということである。

このような研究から、生後六ヵ月齢くらいまでの乳児は、さまざまな種類の顔を識別することができるが、生後九ヵ月齢頃から、普段見る機会の多い顔の識別能力は維持・洗練されていく一方で、他種や他人種といったあまり見る機会のない種類の顔を識別することができなくなっていくのだと考えられた。経験に伴って識別できる範囲が狭まっていく現象を認知狭小化（perceptual narrowing）と呼ぶ。ちなみに、認知狭小化はもともと音声の識別で報告されていた。幼い月齢の乳児であれば、外国語の発音も母国語の発音も聞き分けることができるが、生後一〇ヵ月齢になる頃には、普段よく耳にする母国語しか聞き分けられなくなるという[13]。成人した多くの日本人にとって、英語のLとRの発音を聞き分けることが難しいと感じられるのは、音声に関する認知狭小化が生じたためだと考えられる。

では、識別能力を維持するためにはどうすればよいのだろうか。見る機会の多い顔の識別能力が維持されるのであれば、特定の顔を見る機会を増やせば、その識別能力が失われずにすむかもしれない。実際に、六ヵ月齢児の保護者に、サルのアルバムを持ち帰ってもらい、毎日サルの写真を乳児に見せてもらった研究がある。この研究では、先行研究と同様に新奇選好による方法を用いて、サルの顔を識別できていた六ヵ月齢の乳児が、九ヵ月齢になったときもサルの顔を識別できるのか検討された。すると、サルの写真を見せていなかった九ヵ月齢児では、サルの顔で新奇選好は見られなかったが、毎日サルの顔を見続けた九ヵ月齢児は、同じ実験で新奇選好を示した[10]。このことから、特定の顔を見る経験が多ければ、九ヵ月齢以降でもその顔の識別能力が維持されるのだと考えられる。

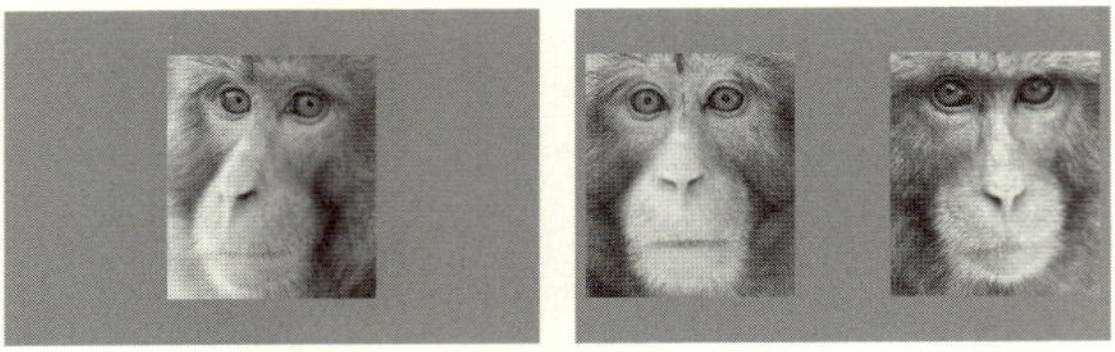

**図5-4　実験で使用したニホンザルの斜め顔画像（左）と正面顔画像（右）のイメージ**
（実際の実験で使用した画像と同じ手続きで新たに作成した）

## (2)　向上する能力

一般的に、発達という言葉からは、成長に伴ってさまざまな能力が備わっていくことがイメージされるかもしれない。しかし、認知狭小化のように、幼い方が多くのことをできる場合もあるというのは面白い。では、顔の識別に関して、成長に伴って洗練されていく部分は何だろうか。この点については、実はまだ十分な研究が行われていないように思われる。

筆者らの研究グループでは、人の六ヵ月齢児と一二ヵ月齢児を対象に、新奇選好を利用して、人の顔とサルの顔の識別実験を行っている。これまでに紹介した先行研究とは異なり、斜めを向いた顔を提示した後で、正面を向いた二つの顔画像を提示した（図5-4）。結果として、六ヵ月齢児は、人の顔でもサルの顔でも新奇選好は見られなかった。他方、一二ヵ月齢児では、人の顔でのみ新奇選好が見られた。六ヵ月齢の時点では、角度の異なる顔が同一人物のものと認識することはまだ難しいが、一二ヵ月齢になる頃には、人の顔は見る機会が多いため、さまざまな角度の顔を同一のものと認識できるようになるのかもしれない(6)。つまり、幼い乳児がもともと持っている顔の識別能力は正面顔に対してのもので、角度の異なる顔を一人の個人に統合できるようになるためには半年以上の経験が必要なのかもしれない。成長に伴って、どのような能力が洗練されていくのか、今後さらに検討する価値のある課題であると言える。

## ４　乳児期以降の経験の影響

### ⑴　成人期における柔軟性

前節で述べたように、乳児期に他者の顔を見る経験を積むことによって、顔の識別能力が形成されていく。では、乳児期以降の経験によって、顔の識別能力はどの程度変容するのだろうか。本節では特に、知見が多く蓄積されている成人後や成人に近い時期について検討していきたい。

動物には、学習が成立しやすい時期があることが知られている。有名な例の一つは、鳥類の刷り込み学習である。雛は、生まれる前には親の顔を知らないため、生まれた後に親を覚える必要がある。例えば、アヒルなどいくつかの鳥類は生まれてすぐに見た動く物体を親鳥であるかのように追従する。生後初期のわずかな期間をすぎると、このような学習は成立しにくくなってしまうという。もしかすると、人の顔の識別能力の獲得についても、乳児期以降では経験による影響は小さいのかもしれない。

乳児期以降の経験に関する研究はいくつか行われている。そのような研究の一つには、他者の顔を注意深く見たり、他者の顔を識別したりすることを普段頻繁に行っている人を対象としたものがある。例えば、肖像画を専門に学ぶ学生やプロの肖像画家を対象として、一般学生と比べて顔の識別成績に違いがあるか検討されたが、結果として識別成績に違いは見られなかった。[12] また、実際の人と写真を見比べる業務を行っている人が、二枚の顔画像が同一人物か否かを答えた研究でも、やはり一般学生と正答率に違いがなかった。[14]

一方で、他人種の人の顔を見る経験がある場合には、識別成績が向上するという研究がいくつかある。例えば、他人種（ヒスパニックやアフリカ系アメリカ人）の顔を普段見る機会の少ない人に対して、他人種の人の顔を識別する訓練が四五分間ずつ五日間にわたって行われた。その訓練の前後で、顔を識別する課題を参加者に行ってもらったところ、訓練後には識別成績の向上が見られた。[11] もともと識別に困難がある他人種の顔であれば、経験によって識別能力が修正されやすいのかもしれない。しかし、他人種の顔を見る機会があっても、識別能力に向上が見られないという報告もいくつかあり、成人後の経験がどのような影響を及ぼすのか、まだはっきりとした結論は出せないように思われる。

## (2)　サル研究者の識別能力

上記の知見を踏まえると、サルの顔を識別できるサル研究者は、顔の識別能力の柔軟性を探るためには大変興味深い対象である。サルの行動研究では、「顔や体の特徴から対象個体を識別した」といった表現が記述される。ほとんどのサル研究者は、成人した後に、繰り返しサルを観察することで、個体識別を習得する（図5-5）。つまり、認知狭小化が生じてから十何年も経過しているにもかかわらず、（おそらく）確実に対象個体を識別できる。サル研究者が対象個体を識別する能力は、人が人を識別する能力と同じものなのだろうか。それとも、何か別の方法を用いて識別しているのだろうか。

図5-5　ニホンザルを観察するサル研究者。個体を識別しながら観察を行う

このような疑問を探るために、ニホンザルの識別を行えるサル研究者と一般の大学生・大学院生を対象とした識別実験を行っている。まず、斜めを向いたニホンザルの顔を提示し、その後、正面を向いた二頭のニホンザルの顔を並べて提示す

る。そのうちの一頭は、先ほど提示した斜め向きの個体と同一個体である。実験参加者には、どちらが最初に提示した個体だと思うか選択してもらった。また、ニホンザルの画像だけではなく、成人女性の顔を用いて、それぞれ二〇試行ずつ実験を行った。

結果として、サル研究者も一般学生も、人の顔に関してはどの参加者も九〇％以上の精度で識別することができ、グループ間の違いも見られなかった。他方で、ニホンザルの顔画像に関しては、サル研究者であっても正答率は平均八〇％に満たないものであり、人の顔画像に比べると、明らかにその精度は低くなっていた。それでもサル研究者の方が、一般学生よりも高い精度でサルの顔を識別することができていた。ニホンザル研究者は、成人後にサルを繰り返し観察することによって、初めて見るサルであっても、一般学生よりも高い精度で顔を識別できるようになるようだ。

確実に個体識別していることが霊長類研究の前提となることを考えると、今回得られたサル研究者の正答率は、少し低く感じられるかもしれない。ニホンザルの研究者同士で話をするとき、自分たちがどうやって個体識別をしているのかが話題に上ることがある。顔だけでなく、顔の傷や乳首の伸び具合、毛並みなどさまざまな情報を用いて個体識別しているといった回答も挙がる。このような言葉を考慮すれば、サル研究者は、顔だけではなく、顔以外の情報を用いて個体識別を行っている可能性がある。

そこで次の実験では、ニホンザルの全身画像と、全身画像から顔だけを切り取った画像を用

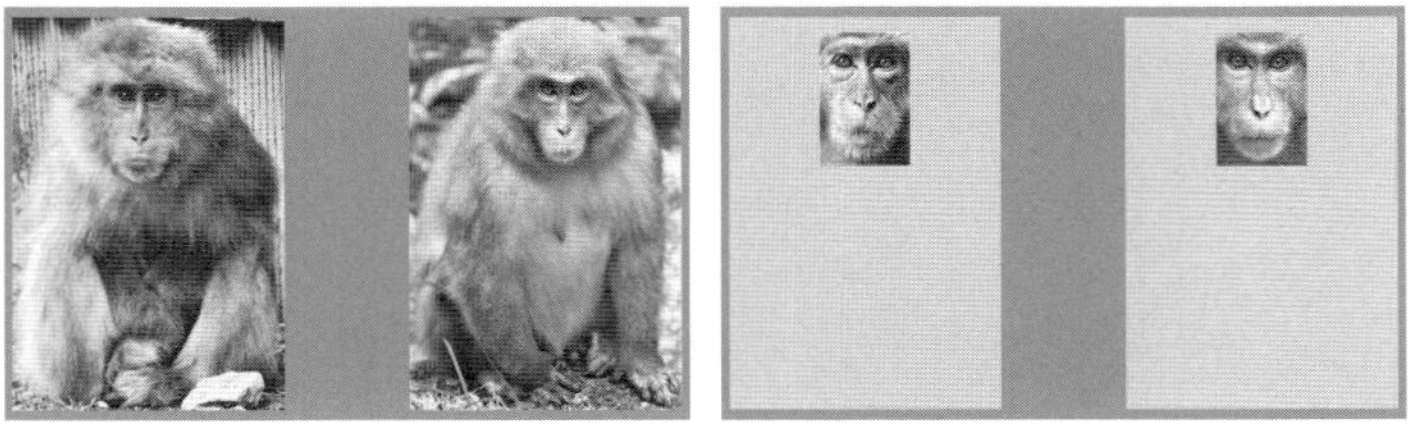

**図5-6　実験で使用した全身画像（左）と顔画像（右）のイメージ**
（実際に実験で用いた画像と同じ手続きで新たに作成した）

いて、どちらの方が識別成績が高いかを調べることにした。それ以外の手続きは先の実験と同様で、斜めを向いた個体の画像の後で正面を向いた二頭の画像を提示し、どちらが最初の個体だと思うかを答えてもらった（図5-5）。

結果として、顔だけの画像の場合、最初の実験と同じく、サル研究者の方が一般学生よりも、正答率は若干高くなっていたが、二つのグループ間にあまり顕著な違いは見られなかった。しかし、全身画像を用いた場合には、サル研究者の正答率は、平均して九〇％近くなり、正答率七〇％程度の一般学生との違いが顕著になった。

以上の結果から、サル研究者は、サルの顔からある程度個体の識別ができるものの、それだけでは精度は十分でなく、顔以外の体の情報を用いて個体を識別していると考えられる。逆に考えれば、やはり成人した後では、自人種の顔と同等の精度で、顔だけの情報から異種動物を識別する能力を身に着けることは難しいのかもしれない。

## 5　人と人工知能

近年、人工知能が我々の生活で多く利用されており、本章で扱っている顔の識別についても人工知能が用いられる。例えば、筆者の研究室にあるパソコンは、電源を入れるとカメラに映った筆者の顔を識別し、パスワードをキーボードで入力しなくてもログインできる。本節では、人工知能による識別技術の研究動向について述べ、個体の識別に関する人と人工知能の違いについて考えていきたい。

### (1)　人工知能による識別

我々は普段、人の顔を見て個人を認識するし、イヌやネコを見れば、それぞれの動物種を容易に特定できる。このような判断を機械的に行うのは、実は難しい。例えば、ネコの外見上の特徴は何だろうか。ネコは四足動物であり、耳、尻尾、長いひげがついていて、などと特徴を挙げていくことはできるだろう。しかし、おそらくどの特徴もネコだけが持っているわけではなく、イヌや他のさまざまな動物とも共通している。さらに、ネコには数十種類の品種が存在し、品種によって特徴にもばらつきがある。このようなことを考えていくと、人は、あいまいさを多く含んだ概念としてその対象を認識していることがうかがえる。

まずは人工知能の仕組みを説明しよう。人工知能という言葉の定義は研究者によってさまざまでであるが、ここでは、「人工的に作られた人間のような知能」とする。顔の識別で用いられる技術は、人工知能の中でも機械学習と呼ばれる。コンピュータ上では、画像はとても小さなピクセルの集合体として処理される。それらのピクセル情報のうち、人が指定した特徴をコンピュータに学習させるのが機械学習である。例えば、ネコが映った複数の画像から、ネコ画像に共通するピクセル間の明暗差のパターンを学習させることで、人工知能は、新奇な画像にネコが映っているかどうかを判断できるようになる。

さらに最近では、機械学習の中でも、ディープラーニング（深層学習）と呼ばれる技術が注目されている。従来の機械学習では、識別の手がかりとする特徴を人が指定しなければならないため、その識別精度は特徴を指定する人に依存していた。他方で、ディープラーニングは、ピクセル情報から自動的に識別に必要な特徴を抽出してくれる。その自動的な特徴抽出を繰り返し行うことで、つまり、「深く」学習していくことによって、これまでの機械学習よりも高い精度で画像を識別することができる。今後、このディープラーニングをきっかけとして人工知能の技術が大きく進展していくことが期待されている。

このような人工知能は、人の顔の識別に利用されるだけでなく、最近では、人以外の動物の個体を識別する人工知能も研究されている。筆者らの研究グループでは、静止画や動画中のニホンザルの識別をする人工知能の開発を進めている。静止画像では、その人工知能によって九〇％を超える高い精度で識別を行うことができる。また、動画の中のサルについても、その人工知能は、ある程度の精度で個体を識別できるが、さらに精度を向上させるために、現在改良を進めているところである。

### (2)　人と人工知能の違い

プロの将棋棋士が人工知能に敗北して話題になったことは、読者のみなさんの記憶に残っているだろうか。限られた条件であれば、人工知能はすでに人よりも優れた成績を示す。本節では、顔の識別に関して、人と人工知能にどのような違いがあるのか考えていきたい。

人工知能によって顔の識別を行う利点は、いくつか考えられる。一つは、人とは違って疲労することがないため、膨大な作業を長時間行える点である。例えば、人工知能によって、監視カメラに映る非常に多くの人々の中から、刑事事件の逃亡犯を見つけたり、行方不明の人を発見したりできるなどその有用性は大きい。

また、限定された条件では、顔の識別についても人工知能は人より高い成績を示す。例えば、正面の二枚の画像が同じ人物か否かを答える課題を人工知能と一般の成人が行うと、人工知能の識別正答率は、一般成人と同等かそれ以上の値を示したという[5]。

それでは、人工知能よりも人のほうが優れている点について考えてみよう。人工知能が苦手だと言われるのは、多様なばらつきのある顔を一個人に同定することである。顔の角度、光の当たり具合、そのときの体調、化粧の仕方など、さまざまな要因によって顔の見かけは変わりうる。人であれば、見かけ上の顔が多少違っていても、同じ一個人だと認識できるが、人工知能は、別の個人であると判断することがある。実際に、人工知能を用いた筆者らの研究でも、動画の中のニホンザルの個体識別はある程度行うことができるが、まだ実践的に十分な精度には至っていない。その原因はいくつか考えられるが、動画中のサルの顔は、角度や照明条件などがすぐに変わってしまうため、学習した個体の情報から外れやすいことが理由の一つとして考えられる。このようなずれを許容できることが、人工知能とは異なる人の特徴だと指摘されることがある。

しかし、顔の識別能力における人の発達過程を考慮すれば、上記の指摘には疑問の余地がうまれる。本章で概観したように、人は生後初期からある程度は顔の識別を行えるものの、さまざまな角度の顔を一人の個人に同定できるようになるには、顔を見る経験を積む必要がある。そして、人工知能もさまざまな角度の顔を学習することで、見かけ上のばらつきを一個人に帰属させることは可能だと考えられる。ずれの許容が人と人工知能の違いなのかどうかは、今後、人工知能によって許容できるずれの限界を知ることによって明らかになるだろう。

## 6　おわりに

乳児が生まれて初めて密に関わる他者は、母親などの養育者である。その後、養育者の周囲の人たち、同世代の子どもたちと関係を作っていく。ゆえに、乳幼児にとって他者は一様に同じ存在ではない。一人一人異なる他者を感じる能力は、複雑な社会関係を育むために必要となる。本章では多様な他者を感じることについて、顔を識別する能力を手掛かりに考えてきた。

まず、顔を識別する能力の発達過程を概観した。人は新生児の頃から、顔に注意が引きつけられ、多様な種類の顔をある程度識別することができる。生まれた新生児の周囲にどのような特徴の顔を持つ人たちがいるのかわからないため、多様な顔を識別できたほうが都合がよいのだろう。その後、見る機会の多い種類の顔を識別する能力のみが維持・洗練される一方で、必要のない能力は失われていく。もちろん、顔の識別能力は、生後初期の経験のみによって形成されるわけではない。成人後の経験によってもその能力は修正されていく。

また、顔識別能力の発達過程を概説するだけでなく、人と人工知能の比較を行った。もちろん、人工知能は人と同じ意味で「感じる」ことはできないが、具体的にその違いがどこにあるのかを考えることで、「感じる」意味について考えられる。本章では、ずれを許容できることが人工知能にはない人の特徴かもしれないと指摘した。本書の第一章では、人は、ずれを感じる生理機構を持ち、そのずれを面白くさえ感じることが言及されている。改めて本書を読み返してもらえれば、人と人工知能の違いについて、少し違った角度からも考えられるだろう。

人工知能は、顔の識別以外にも、さまざまなところでも活用されている。研究に関しては、個体を識別し、識別した個体を追跡すること。追跡した個体が行っている行動を分類・記録すること。得られたデータを分析すること。人工知能は、これらすべてを行うことができる。現時点ではすべての領域で実用的なレベルの精度に達しているわけではないが、今後技術の進歩に伴って、研究者がこれまで行っていた作業を人工知能に置き換えることもできるかもしれない。そうなったときに、人工知能ではなく、人の研究者でなければならない点は、いったいどこにあるのだろうか。残念ながら、筆者自身は確信を持てる回答にはまだ思い至っていない。もしかすると、この疑問の答えこそが、人の本質と言えるのかもしれない。

「人間とは、何か?」これは、人間科学の根幹とも言える問いである。特に、一人一人異なる他者を感じる能力を調べることで、人の社会性の基盤を探ることができる。本章では、多様な発達段階にある乳幼児、特殊な経験を持つ成人とそれ以外の成人、人工知能と人の間で顔の識別能力を比較することによって、「人間とは、何か?」について考えてきた。筆者が継続しているニホンザル研究のように、ヒトとヒト以外の霊長類の比較も面白いだろう。一つの研究領域を深く学ぶ中で、他の研究領域とも結びつき、さまざまな比較を行い、人間を描き出す。これが、私が歩んでいる人間科学である。本書に目を通していただけたらわかるように、人間科学に決まった形はない。読者の皆さん一人一人が、自分の人間科学を探求してもらえたら何よりである。

## 引用文献

（1）Bushnell, I. W. R.（2001）. Mother's face recognition in newborn infants: Learning and memory. *Infant and Child Development*, 10, 67–74.

（2）Fantz, R. L.（1963）. Pattern vision in newborn infants. *Science*, 140, 296–297.

（3）Goren, C. C., Sarty, M., Wu, P. Y. K.（1975）. Visual following and pattern discrimination of face like stimuli by newborn infants. *Pediatrics*, 56, 544–549.

（4）Kelly, D. J., Quinn, P. C., Slater, A. M., Lee, K., Ge, L., Pascalis, O.（2007）. The other-race effect develops during infancy: Evidence of perceptual narrowing. *Psychological Science*, 18, 1084–1089.

（5）O'Toole, A. J., An, X., Dunlop, J., Natu, V., Phillips, P. J.（2012）. Comparing face recognition algorithms to humans on challenging tasks. *ACM Transactions on Applied Perception*, 9, 16.

（6）大塚由美子・仲渡江美・山口真美（二〇〇八）．乳児期における顔認知の発達と脳活動．『映像情報メディア学会誌』六二、一九二〇－一九二三

（7）Parr, L. A.（2011）. The evolution of face processing in primates. *Philosophical Transactions of the Royal Society B: Biological Sciences*, 366, 1764–1777.

（8）Pascalis, O., De Haan, M., Nelson, C. A.（2002）. Is face processing species-specific during the first year of life? *Science*, 296, 1321–1323.

（9）Pascalis, O., de Schonen, S.（1994）. Recognition memory in 3-to 4-day-old human neonates. *NeuroReport*, 5, 1721–1974.

（10）Pascalis, O., Scott, L. S., Kelly, D. J., Shannon, R. W., Nicholson, E, Coleman, M., Nelson, C. A.（2005）. Plasticity of face processing in infancy. *Proceedings of the National Academy of Sciences of the United States of America*, 102, 5297–5300.

（11）Tanaka, J. W., Pierce, L. J.（2009）. The neural plasticity of other-race face recognition. *Cognitive, Affective and Behavioral Neuroscience*, 9, 122–131.

（12）Tree, J. J., Horry, R., Riley, H., Wilmer, J. B.（2017）. Are portrait artists superior face recognizers? Limited impact of adult experience on face recognition ability. *Journal of Experimental Psychology: Human Perception and Performance*, 43, 667–676.

（13）Werker, J. F., Tees, R. C.（2002）. Cross-language speech perception: Evidence for perceptual reorganization during the first year of life. *Infant Behavior and Development*, 25, 121–133.

（14）White, D., Kemp, R. I., Jenkins, R., Matheson, M., Burton, A. M.（2014）. Passport officers' errors in face matching. *PLoS ONE*, 9, e103510.

## 参考図書

- 山口真美（二〇一三）『赤ちゃんは顔をよむ』角川ソフィア文庫

著者は、日本の発達心理学における顔研究の第一人者である。本章で紹介できなかった知見も含め、多様なトピックスにわたって乳児の顔の認識にまつわる研究がわかりやすくまとめられている。

- 日本発達心理学会 編（二〇一八）『社会的認知の発達科学』新曜社

顔の識別に関する生理メカニズムを含め、発達心理学のさまざまな研究領域に関する最新の情報がまとめられている。少し専門的な内容も含まれるが、発達心理学に興味を持った人には一読をお勧めしたい。

- 松尾豊（二〇一五）『人工知能は人間を超えるか　ディープラーニングの先にあるもの』角川EPUB選書

人工知能の研究や世間からの評価が歴史的にどのように変遷し、今後どのような発展可能性があるのか、著者の展望が記されている。専門的な知識がない人にもわかりやすく書かれており、人工知能への著者の情熱が感じられる。

# 第6章　他人の目を感じる

寺口　司

## 1　はじめに

「自分らしさ」という言葉がある。その人独特の性質を意味するこの言葉は今でこそ一般的な言葉ではあるものの、平成初期にはあまり使われてこなかった言葉だ。朝日新聞データベース「聞蔵ビジュアルⅡ」によれば、一九九五年頃から新聞記事等で多く使われ始め、近年においても年間一〇〇件近く使われる言葉となった（図6-1）。類似する言葉だと「個性」や「ありのままの自分」、「他人に振り回されない生き方」なども含まれるだろうか。

このような言葉が広まる現代では、「本当の自分」を求める風潮があるとも言える。その年その年の流行歌では「個性の尊重」や「オリジナリティの素晴らしさ」を唄う曲があり、書店に

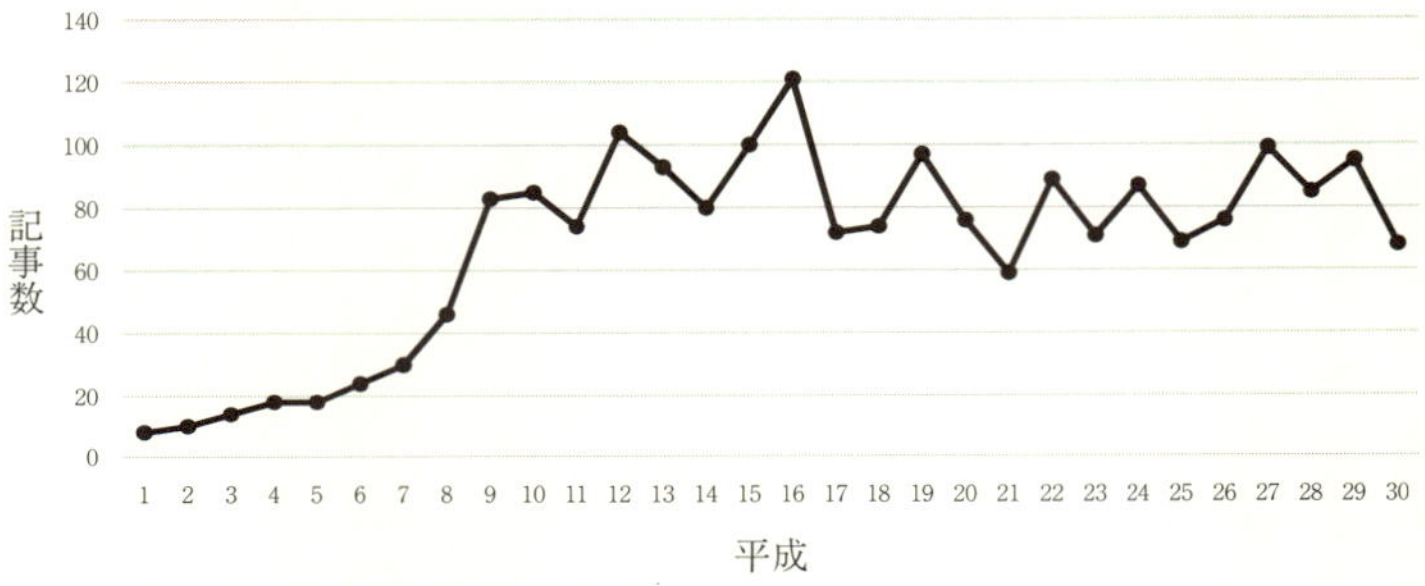


**図6-1　「自分らしさ」が含まれる記事数**
検索対象は朝日新聞、朝日新聞デジタル、アエラ、週刊朝日。

は「自分らしさの見つけ方」や「ありのままの自分での生き方」の解説書が並ぶ。近年注目されてきたマイノリティに関わる社会問題は、他人・社会の目を気にせずに社会的マイノリティに属する自分の一面を表に出せるようにしようという話題でもある。逆に、他人の評価を気にかける承認欲求や自己愛は低評価な傾向もある。例えば「承認欲求」で書籍を検索してみれば「かまってちゃん」や「依存」、「不安」などのネガティブな単語が並ぶ。また、「既読無視」や「ＳＮＳ疲れ」のように現代の青少年の間では他人に見せるべき自分の姿を考えすぎてストレスとなってしまっている例も認められる。このように、他人に左右されない「本当の自分」を求める風潮は確かに存在すると言えるだろう。

　さて、あらためて確認すると本章のタイトルは「他人の目を感じる」である。確かに、上記の「本当の自分」を見せることは素晴らしいことだ。他人の目を気にしない自分、嘘偽りのない自分、誰にも左右されない自分、この言葉に憧れを感じる読者の方もいるのではないだろうか。しかし、「他人の目を感じる」我々が本当にそのような「自分」を持つことが出来るかは疑問である。社会には自分以外の多数の他人が存在し、常にその他人たちの評価に曝され続けている。誰かに嫌われること、誰かに排斥されることは言うまでもなく損失であり、それは避けたいことだ。この社会の中で他人の目を気にせず、「本当の自分」を持ち続けることが出来るのだろうか。本章では社会心理学と呼ばれる分野のさまざまな研究知見を通して、社会における「本当の自分」について考えていきたいと思う。

## 2　「自分」はどこにあるか

さて、「本当の自分」を考えていくうえで、まずは「自分」について考える必要がある。「自分」とはその人の個性であったり、行動傾向であったりするだろう。また、表面には出てこないその人の思考であったり、好き嫌いであったり、態度であったりもするだろう。それはまとめると「心」という言葉で言い表すことができる。

では身体のどこに「心」があるだろうか。一度考えていただきたい（図6-2）。

多くの人は「心は脳にある」と回答するのではないだろうか。行動や思考は脳で処理され、脳

図6-2　「心」はどこにあるか？

からの命令を元に行われるのだからそれも正しいだろう。一部には「心は心臓にある」と回答する人もいるかもしれない。心をイメージするときに、多くの人は脳の形よりもハートマークをイメージするだろう。その点から言えば、少なくとも人のイメージ上では心は心臓にあると言っても間違いではない。また、感覚器は全身にあるのだから「心は肉体全体にある」と考える人もいるだろう。魂にあると考える人もいるかもしれない。これらはどれも間違いではない。しかし、この章の議論のベースとなる社会心理学では「心は人と人との間にある」と考える。

心が人と人との間にあるとはどういう意味か。これは社会心理学の祖であるクルト・レヴィンが一九三九年に提唱した「場の理論」にもとづくものである。[18] 場の理論とは一行で説明すると「B = f（P・E）」で表される。つまり、人の行動（behavior）とは「個人の特性（personality）」だけではなく「環境（environment）」の影響が組み合わさった関数（function）で決定されるというものだ。他の人のために自分を犠牲にするといった利他行動の例として、普段電車で席を譲るタイプかどうかという問題を挙げてみよう。実際に、あなたがその場面に出くわしたとして想像してほしい。あなたが仮に席を譲るタイプであったとして、隣に友人が座っている場合には年配の方に席を譲るだろうか。また、あなたが席を譲らないタイプであったとして、周りにいる人が皆、年配の方ばかりで席を譲ることが出来そうなのは自分だけの場合、それでも席を譲らないだろうか。おそらく、タイプが同じでも状況よりけりで行動が変わるのではないかと思われる。他の例も挙げてみよう。読者の方ははきはきと話すタイプだろうか、それとも静かに話すタイプだろうか。前者であったとしても、例えば授業中に教室の前に立っている場面ではきはきと話すことが出来ない人もいるだろう。また、後者であったとしても非常に親しい人の前ではにぎやかに話す人もいるのではないだろうか。

このように、人の行動はその人の個人特性のみで決まるものではない。そのときにどのような状況にいるのか、誰がいるのか、相手とはどういった関係なのかといったさまざまな環境の影響を受ける。行動が変わったということは、その行動を引き起こす感情や態度、意図などの心的要素が変わったということである。先ほどの例であれば、友人たちと一緒にいるときは席を譲ることを恥ずかしいと思うかもしれない。また、大勢の前で話すときには緊張が生まれるだろう。だからこそ人の心とは人と人との間にあると表現される。では、この環境の要素を紐解いていけばその人の個人特性、つまり環境に左右されていない「本当の自分」がわかるのではないだろうか。では次の節からは他人の目を気にした結果、行動にどのような影響が出るのかを検討した社会心理学の研究知見を紹介していく。

## 3　そもそも人は「他人の反応」が気になる

### (1) 計画的行動モデル

人間が何か行動を起こそうとしているとき、何を考えているだろうか。例えば犯罪を例に挙げてみよう。あるお店に来たときにちょうど自分が欲しいと思っていた商品があるとする。その商品は高価なもので、今の自分の手持ちでは足りない。そんなときにこれを盗んでしまえばいいのでは、という考えが出たとする。このときに一体何を考えるだろうか。例えばそれは「窃盗は悪いことだ」という考えかもしれない。また「窃盗をしたら周りにどう思われるだろうか」という懸念かもしれない。「そもそも店員に見つかってしまい窃盗なんて出来ないだろう」という推測もあるだろう。そうして窃盗することは諦め、家に帰ることにする。これが二〇〇〇年代にアイゼンの提唱した「計画的行動モデル」である（図6-3）[1]。

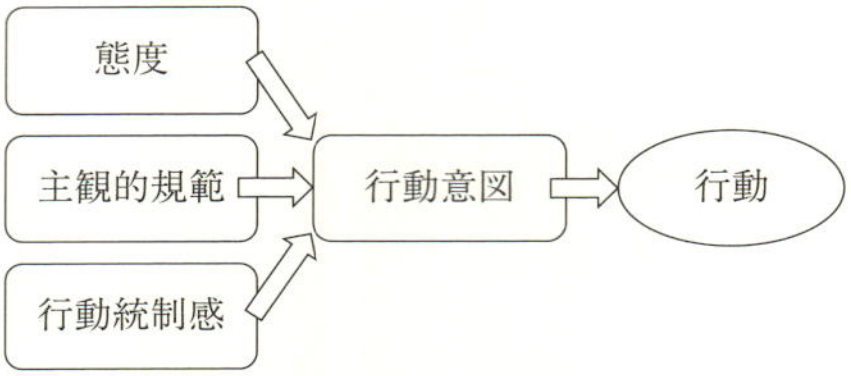


**図6-3　計画的行動モデル**
（Ajzen 2002（引用文献 1）にもとづき作成）

計画的行動モデルとは、人間が行動を起こす際にどのような思考過程を踏むのかをモデル化したものである。何かの行動を起こす際にはまず「その行動をしよう」という意図が生まれる。そしてその意図には「態度」、「主観的規範」、「行動統制感」の三つの要素が影響する。まず「態度」とは当人がその行動そのものをどのように考えているかである。先ほどの例であれば、窃盗という行為をどのように考えているかだ。その行動を良い行動と捉えているのであれば意図は強くなり、悪い行動と捉えているのであれば意図は弱くなる。次に「主観的規範」とは自分がその行動を起こしたときに、他者がどのように反応すると思うかという推測である。この他者には親密な知人や家族、職場の同僚、友人、全くの赤の他人などさまざまな対象が含まれる。「他者がその行動に対して褒めたり、報酬を与えてくれたりする」と推測するのであれば意図は強くなり、逆に「叱ったり、罰を与えたりする」と推測するのであれば意図は弱くなる。そして「行動統制感」とは、その行動をとったときに意図通りに行動を成功させることができると思えるかどうかである。確実に成功できるという自信は意図を強くし、あまり成功できないと思うのであれば意図は弱くなる。このモデルからわかる通り、人間の行動にはそもそも主観的規範という他者の評価の影響が含まれている。

### (2)　主観的規範——想像上の他人の反応

主観的規範の影響力を示す興味深い研究がある。ボーデンは大学生四〇名を対象にボタン早押し課題を行った(5)。この課題は二人一組で行うもので、それぞれ別の部屋に入った参加者たちが早押しに負けると腕に取り付けられた機械から電気ショックが流れるというものであった。参加者たちはこの課題に連続一三回取り組むよう求められる。この電気ショックの電圧は一〜

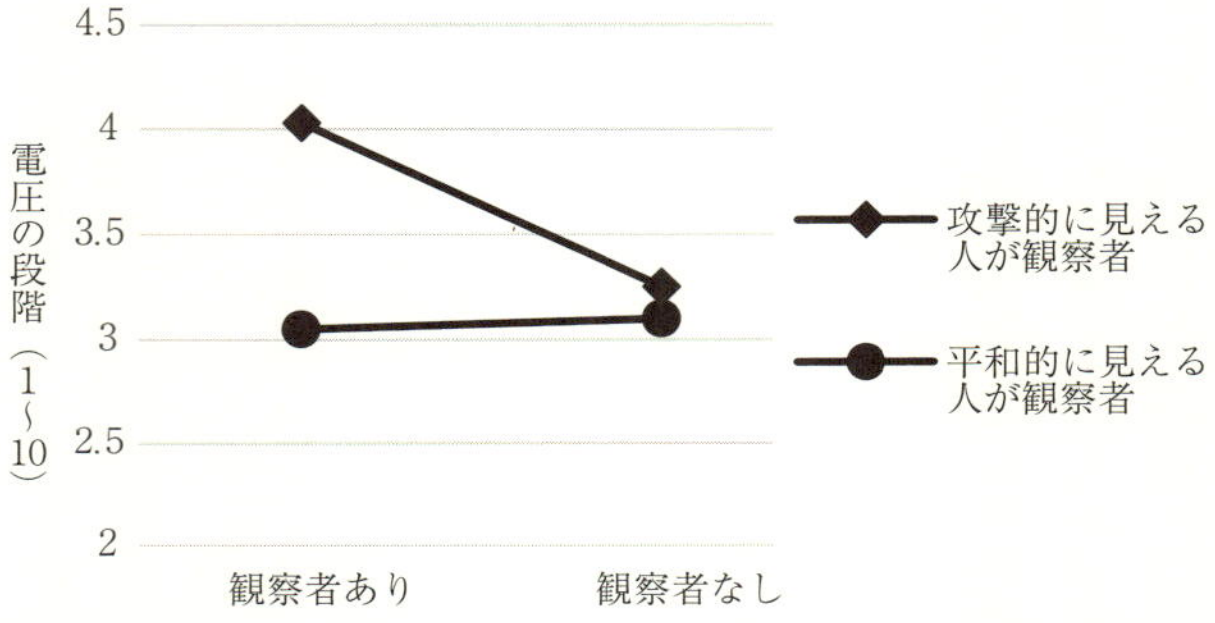


**図6-4　ボーデン（引用文献5）の実験における与えた電圧量**

一〇までの一〇段階があり、各課題前に設定した電圧がそのまま相手の腕に流れるように設定されていた。また、参加者たち以外に、実験が正しく進行しているかをチェックする観察者が参加した。なお、本当の参加者は実際には一人だけで、相手の参加者と観察者は実験者が用意したサクラ（実験協力者）であった。そして観察者は初めの七回は本当の参加者の部屋、後の六回はサクラの部屋へと移動した。実験全体の流れは以上である。ちなみに現代では電気ショックを与えるという実験手法は倫理的にできないが、四〇年ほど前には盛んに行われていた。

さて、ボーデンはこの実験で観察者に「攻撃的な観察者」と「平和主義な観察者」との二種類の条件を設けた。攻撃的な観察者条件では観察者の上着に空手部のマークが刺繍されていた。実験者が観察者に刺繍について尋ねると、観察者は「空手の茶帯であること」、「空手のインストラクターをしていること」、そして「空手を楽しんでいること」を回答した。一方で平和主義な観察者条件では同じ上着ではあるものの平和団体のマークが刺繍されている。実験者が同じように刺繍について尋ねると、観察者は「世界的な平和団体に所属していること」、「その地方支部の創設者の一人であること」、そして「団体が行っている活動内容」を回答した。

その結果、誰が観察しているかによって設定する電圧に変化が見られた（図6−4）。平和的な観察者の場合、観察者がいようともいなくとも与える電圧の量に差は認められなかった。しかし、攻撃的な観察者がいるときはいないときよりも与える電圧の量が高くなった。この観察者は特に参加者と関わりのない存在である。そのため、観察者の意に沿わないような行動（例えば、攻撃的な観察者の前で弱い電圧に設定する）を取ったとしてもなんら問題はないはずであった。さらに言えば、相手に強い電圧を送ることは悪い行動であるという態度もあっただろう。それでも平和的な観察者がいるときに比べると、攻撃的な観察者がいた場合には「たとえ強い電圧を送ったとしても観察者は咎めないだろう」「強い電圧を送ることを期待しているだろう」と考え、その通りの行動を起こしやすくなる。このように、自分を見ている赤の他人がどういった人間で、自分の行動にどう反応すると予測しているか（主観的規範）によって、行動は変化するのである。

このように主観的規範は行動に影響を与えうる。しかし、主観的規範とはあくまでその人の想像に過ぎない。例えば筆者はスポーツの観客同士の喧嘩の場面を想定した実験を行った[23]。その実験では相手チームを応援する他人とのトラブルを想定してもらい、その相手と喧嘩することを自分・友人・同じチームのファンがそれぞれどのように考えるかを回答してもらった。その結果、「自分自身が喧嘩することは良くない」と考えていても、「友人や同じチームのファンなら容認してくれるのでは」と回答する傾向があることが示された。興味深い点は、この質問を「友人や同じチームのファンが喧嘩しているのをどう思うか」にすると、先ほどの回答ほど喧嘩を容認する傾向は見られないという点だ。つまり、主観的規範の推測にずれが生じているのである。当然のことながら、人間は他人の思考を完全に読むことは出来ない。そのため、相手の考えを推測する際にはさまざまな歪みが発生するものの、その歪みに気づかずに、他人は自分をこう見ているに違いないという思い込みで人間は行動を選択してしまう。

さて、ここまで計画的行動モデルにおける「他人の意見を気にする自分」について述べてきたが、このモデルは理性的な行動を仮定している。行動一つ一つを熟考し、その上で行動を選択するというモデルだ。読者の中には「普段の行動でそこまで多くの事は考えていないのでは」と疑問に思う方もいるだろう。それではより環境が個人の行動を決定し、「自分」が消失する例を考えよう。

## 4　周りに流される「自分」

### (1)　同調

こんな経験はないだろうか。友人たちとランチを食べにレストランに来たとき、AランチとBランチがあったとする。自分はAランチを頼もうと思っていたのだが、友人たちは次々に「Bランチで」、「僕もBランチ」、「私も」と注文していく。そして自分に注文の順番が回ってきたとき、つい「じゃあ私も」と答えてしまう。本来はAランチを食べようと思っていたはずであるにもかかわらず、出力された行動は周りの反応に合わせたものとなる。これは「同調」と呼ばれる現象だ。

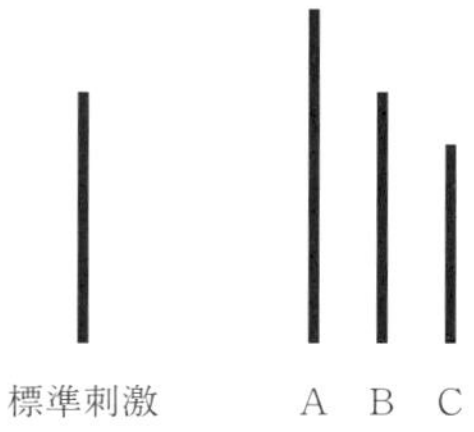


図6-5　アッシュの同調実験で提示された刺激例

同調に関する著名な実験の一つにアッシュのものがある[2]。アッシュは複数の参加者を実験室に集め、一本の棒（標準刺激）と三本の異なる長さの棒が書かれたカードを提示した（図6-5）。そして参加者たちに標準刺激と同じ長さの棒を三本の中から口頭で一人ずつ回答してもらうことを繰り返した。実は、この実験では本当の参加者は最後に回答する一人のみで、他の参加者は実験者が用意したサクラであった。そしてこの実験中、何回かの試行で明らかに間違っている回答をサクラたちが繰り返すように指示している。例えば図6-5の例で言えば正答はBであるものの、サクラたちは揃ってCと回答する。すると約三〇%の試行において、サクラと同じ間違った回答をする傾向にあった。この傾向はサクラの数によって変わり、サクラが一人しかいない状態では約三%、二人では約一〇%、三人では約三〇%と増えていき、これ以上は数を増やしても同調率は伸びなかった。このように、明らかに自分の意思と反する行為であったとしても、他人が同じ行動をしているというだけで人間は追従してしまうことがある。

同様の実験は多数行われている。例えばミルグラムは街中に複数人のサクラを配置し、何もない場所を見上げるように指示した[19]。その結果、このサクラの人数が多くなるほど、立ち止まって同じ方向を見上げる通行人が増えることが示された。この実験は国内でも追試されており、動画資料として提供されているのでぜひ確認していただきたい[3]。

筆者の研究室においても同様の実験を行っている[15]。この実験は教室の中で約一〇〇名を対象に同時に行われた。実験では、スクリーンに二択問題を提示し、クリッカーと呼ばれるリモコンボタンを用いてどちらかの選択肢へ投票してもらった。このとき、参加者には「グループごとに順番に回答してもらう」と教示しランダムに各グループへと振り分けたように見せたが、実際は、参加者はすべて最後に投票するグループであった。そして、スクリーンにはリアルタイムの投票結果（と見せかけた、事前に準備していたグラフ）を提示していた。つまり参加者たちは全員、他の参加者たちがどちらの選択肢に投票しているのか、そしてその投票数がどのように変化していっているのかを見てから投票することになっていた。この投票結果にはパターンがあり、一定の割合で両方の選択肢への投票数が直線的に伸びるパターン、片方の選択肢への投票数が初めは急速に増えているが後半からあまり増えないパターン、片方の選択肢への投票数が初めはあまり増えないが後半から急速に増えるパターンなどさまざまであった。この実験の結果、参加者の投票は後半から投票数が増えるパターンに最も影響されやすく、その選択肢に投票しやすいことが示された。つまり、今その場にある意見に流されるのではなく、集団全体がどういった意見に収束しそうかを予測して、自分の意見をその意見に合わせようとするのだと考えられる。

## (2)　なぜ流されるのか

では、なぜ人間は他者に同調するのだろうか。先に挙げた実験例の場合、周りと行動を合わせることに特に意味はない。相手は見知らぬ他人であり、他人と異なる意見や行動を示すことによって不利益になるようなこともない。これは「情報的影響」と「規範的影響」との二つが原因ではないかと考えられている[7]。

情報的影響とは正しさを求めることによって生まれる影響であり、周りの他者の行動を参照することでより正しい選択をしようとする傾向である。これは自身の判断が不確かな場合に発生し、多くの人が一致する意見であればその意見が正しい確率が高いであろうという推測にもとづく。一方で規範的影響とは集団に受け入れられようとすることによって生まれる影響であり、周りの他者と同様の行動をすることで孤立することを回避しようとする傾向である。この規範的影響に関連して、押見が行った実験では、特に公的自己意識が高い人（他者から自分がどう見られるかに注目しやすい人）は孤立回避動機が高いときほど他者と同調しやすいことを示している。[22] 以上のように、集団の中であえて自分の態度を歪めるのには、より正しい答えを求めようとする動機と集団から孤立しないようにする動機の二つが考えられる。

ただし、情報的影響については再考すべきと考えられる研究もある。二〇一八年に発表されたヘッドマウントディスプレイを用いたバーチャルリアリティー（ＶＲ）空間での同調実験では、先に紹介したアッシュの同調実験の五人グループ条件をＶＲ上で再現した。[16] このＶＲ空間では部屋の中に自分を含めて五人のアバター（参加者が操作する、参加者の分身となる人間の姿をしたキャラクター）が着席している。参加者には他の四人も別の人が操作していると説明しているものの、実際にはプログラムで自動操作されていた。状況がＶＲ空間であること以外はアッシュの実験と手続きも同様である。しかし、実際のアッシュの実験結果とは異なり、同調したのは約六％程度であった。ＶＲ上でも同調行動は見られると予測されたが、ＶＲ空間では現実感が薄く、孤立回避の動機が生まれにくかったのかもしれない。しかしＶＲとはいえ、他者の回答を正しい回答の基準とする情報的影響は残されているはずである。情報的影響が同調に影響力を持つのであれば、ＶＲ上でも同調行動は見られるはずであった。ＶＲ空間という特殊な実験場面がどのような効果をもたらしたかについては精査が必要ではあるものの、情報的影響とは同調の根本的な原因とは言えないかもしれない。

### (3)「目」そのものが行動を規範的にする？

規範的影響に関連して、他人の「目」そのものが人の行動を規範的にさせるという現象が報告されている。ここでいう「目」とはその場にいる他人の目、ではなく、写真の中の「目」だ。二〇〇六年にベイトソンらが発表した実験[4]はイギリスのニューカッスル大学の休憩室で行われた。この休憩室では飲み物がセルフサービスで提供されており、価格表に書かれた金額を自分で集金箱に投入する仕組みとなっていた。そのため、誰にも咎められることなく無料で飲むことも可能な状況ではあった。ベイトソンはこの価格表を一週ごとに「花の写真が付いた価格表」もしくは「人の目の写真が付いた価格表」に入れ替えた。その結果、人の目の写真がある週には花の写真の週と比べて、約三倍の金額が投入されていた。

同様の実験で、目の写真が付いたポスターを貼ることでゴミの放置が減ったこと[8]やゴミ捨てにより長い時間を費やすこと[9]も報告されている。これらは、たとえそこに人がいなかったとしても、写真が手がかりとなって「他人の目」を意識することで規範的な行動が促進されることを意味している。

ただし、この現象は同様の実験を行っても規範的な行動の増加が認められなかった[6]、類似の二六の研究を調べてみたところ効果が認められなかった[21]などの批判もあるため、慎重な議論が必要である。このように心理学、特に社会心理学では複雑に要因が絡み合う人間の行動を扱うために、研究知見を鵜呑みにすると危険な場合が多々ある。ぜひ本章に対しても批判的な視線で読んでいただきたい。

## 5　他人の目がないときの「自分」

ここまで、他人の目を感じ、その他人からの評価を考えて「本当の自分」とは異なる行動を起こす研究結果について概観してきた。それでは他人の目が全くなければ、それは「本当の自分」と言えるだろうか。誰も見ていなければ、少なくとも他人からの評価を気にすることはなくなるとはいえるだろう。しかしそのような状況においても、集団という環境に置かれれば異なる変化がもたらされる。

### ⑴　社会的手抜き

人間は怠ける。これはキリスト教における七つの大罪に数えられることからもわかる通り、人間の本質である。例えば体育祭での綱引きや校歌斉唱、読者の方は全力で行っていただろうか。これは怠惰とまでは言わずとも、多くの人は多少手を抜いていたのではないだろうか。この現象を心理学的に説明したのが「社会的手抜き」である。

　社会的手抜きはラタネらによって一九七九年に発表された現象だ[17]。この研究では参加者に一人で大声を出す条件と複数人（二人、六人）で大声を出す条件の二つを設けた。なお、実際には他に参加者はおらず、常に一人で発声を行っている。その結果、一人で大声を出していると思っているときを一〇〇%とすると、二人で大声を出していると思っているときには八二%、六人では七四%まで音量が低下した（図6-6）。綱引きを用いた同様の研究が日本国内でも行われているものの、ラタネらの実験と同じく、個人での結果よりも集団での結果の方が低いパフォーマンスを示していた[13]。

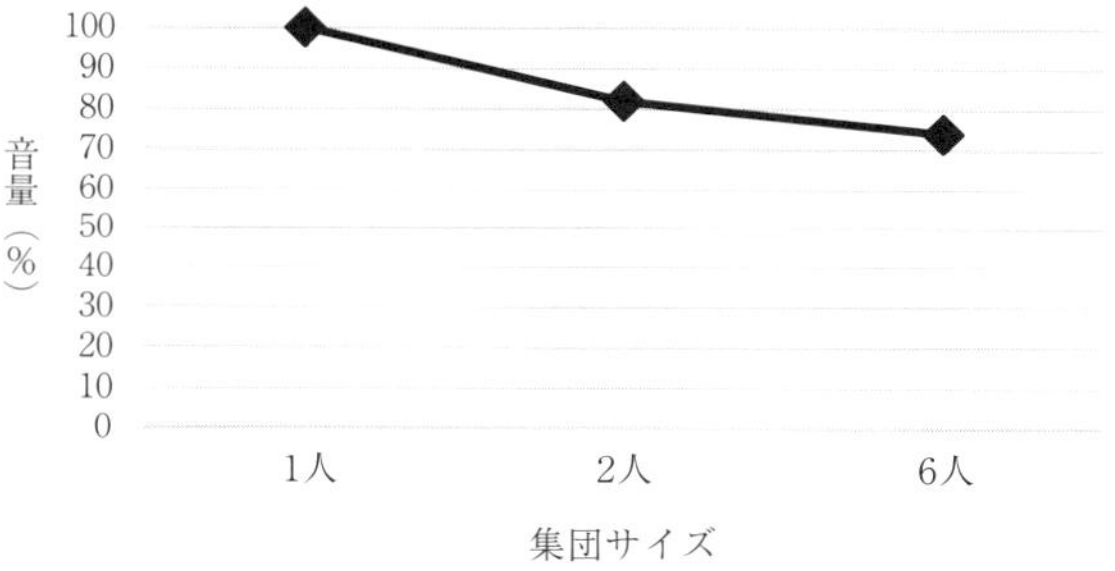


**図6-6　ラタネの社会的手抜き実験（一人条件を100%とする）**

　これはわざと手を抜いているわけではない。チアリーダーを対象とした発声実験ではラタネらの実験と同様に手抜きが認められたものの、実験後の調査によればほとんどの参加者は全力を出していたと考えていることが示された[10]。意識的に手を抜いているのではなく、本当の自分が発揮できるパフォーマンスを下回るパフォーマンスしか示せていないのである。

ではなぜ手を抜いてしまうのだろうか。その原因の一つに考えられているのが他者からの評価である。社会的手抜きの状況は、個人の努力量が周りから特定されないような状況であるということが指摘されている。[14] そのため、たとえ集団という状況下にあったとしても、自分の努力量が特定されるような状況では他人から手を抜いていると見られてしまうために手抜きは発生しないと考えられる。このことは、自己愛傾向（ナルシズム）が高い人に社会的手抜きの傾向が顕著であることからも明らかだろう。[24] 自己愛傾向が高い人は周りからの評価を求める。そのため、自分の努力が特定されるような状況ではパフォーマンスが上がり、逆に自分の努力が特定されないような状況ではパフォーマンスが下がることが示されている。つまり、集団のために努力する「自分」も、他者の評価によって影響を受けている。

## (2)　手を抜く意味

このように書くと、手を抜くことにネガティブな印象を受ける方もいるだろう。しかし、手を抜くということにも意味がないわけではない。例えば、巣の中にいる働きアリの八割はあまり働いていないということは知られてきた事実である。[11] なぜその八割の働きアリが働いていないかといえば、すべての働きアリが一斉に全力で働いてしまうと同時に疲労してしまい、巣での仕事が止まってしまうためである。その結果、全ての働きアリが全力で働く巣は存続が危うくなり、普段は働かないものの仕事が多くなったときだけ働くアリのいる巣の方が長く存続する。手抜きにはこうした長期的な利益が存在する。また、筆者の研究室に所属していた学生がこの現象を八年分のプロ野球データで検討したことがある[20]。この研究では各選手の各試合での貢献度を数値化し、各試合での勝敗にどのように影響するのかを検討した。その結果、全体で見ると上位二〇％に属する選手の貢献度は勝率に影響を与え、下位八〇％の選手の貢献度は勝率に影響を与えなかった。しかし、前年度の勝率が低かったチームでは逆に下位八〇％の選手の貢献度が勝率に影響を与えたのである。もちろんこのデータの解釈はさまざまではあるが、チームが危機に瀕した際にこれまでパフォーマンスを発揮できなかった選手が、より勝敗を左右する場面で貢献したと考えられる。

また、多くの人間が同時に行動をしようとすると、お互いの行動を調整する必要が出てくる。例えば教室の掃除を考えてみると、一人で掃除をするよりは二人の方が早く掃除が終わるだろう。しかし、そこに一〇人、二〇人と参加してしまうと人同士が衝突したり、同じ場所を別の人が掃除したりとロスが大きくなる。そのため、各個人にとっては自分が参加して得られる利益（掃除が早く終わる）よりも、自分が参加するというコストの方が大きくなってしまうために協力しないということが発生する。これは「頻度依存的動機づけモデル」という言葉で検討されている説だ[12]。利益とコストが見合ってないのであれば、そのときは積極的に動かずに別の機会で行動した方が集団にとっても得だろう。

このように社会的手抜きは他人からの評価を踏まえて行われるものの、長期的に見れば集団全体にとって利益のある面もある。手を抜いている自分は「本当の自分」から離れるものではあるが、それは必ずしも悪いものではない。

## 6　おわりに――「本当の自分」とは何か

さて、これまで述べてきたように、「自分」の行動は他人の目次第でいくらでも変わってしまう。われわれは普段から他人からの評価を考え、集団の意見に敏感に反応し、誰も見ていなければ手を抜く傾向にある。仮にその場に他人がいなくとも「他人の目」を感じて行動や意図が変わってしまう。本章では初めに他人（環境）に左右されない「自分」を「本当の自分」としたものの、人と人との間にあるわれわれの「心」では、その実現は難しい。

とはいえ、他人の目を感じて変わってしまう「自分」とはそこまで忌避されるべきものなのだろうか。これまで検討してきた通り、他人の目を感じて行動を変えることにも意味がある。同調行動には集団の中で孤立しないようにする機能があり、社会的手抜きは集団を救う機能もある。計画的行動モデルを見れば、他人の目が道徳的な行動を増やし、非道徳的な行動を減らすこともわかる。逆に他人の目を全く感じることが出来なくなった社会では各個人が別々の方向に向かってしまい、集団としてのまとまりを失うだろう。現代社会において求められている「本当の自分」とはそういったものではないはずだ。そこであらためて読者の方々に問いたい。他人の目を感じて変わる「自分」が一般的であるということを踏まえた上で、そして社会には他人の目が必要であるということを考えた上で、求めるべき「本当の自分」とは何だろうか。

## 引用文献

（1）Ajzen, I.（2002）. Perceived behavioral control, self-efficacy, locus of control, and the theory of planned behavior. *Journal of Applied Social Psychology*, 32, 665–683.
（2）Asch, S. E.（1951）. Effects of group pressure upon the modification and distortion of judgments. In H. Guetzkow（Ed.）, *Groups, Leadership and Men: Research in Human Relations*, 177–190. Oxford, England: Carnegie Press.
（3）相羽美幸（二〇一六）〝同調行動〟とは？（相羽 美幸 専任講師）東洋学園大学人間科学チャンネル Retrieved from http://hs.ch.tyg.jp/0009.html（参照日二〇一八年九月二〇日）
（4）Bateson, M., Nettle, D., Roberts, G.（2006）. Cues of being watched enhance cooperation in a real-world setting. *Biology Letters*, 2, 412–414.
（5）Borden, R. J.（1975）. Witnessed aggression: Influence of an observer's sex and values on aggressive responding. *Journal of Personality and Social Psychology*, 31, 567–573.
（6）Carbon, C., Hesslinger, V. M.（2011）. Bateson et al.'s（2006）Cues-of-being-watched paradigm revisited. *Swiss*

*Journal of Psychology*, 70, 203–210.
（7）Deutsch, M., Gerard, H. B.（1955）. A study of normative and informational social influences upon individual judgment. *The Journal of Abnormal and Social Psychology*, 51, 629–636.
（8）Ernest-Jones, M., Nettle, D., Bateson, M.（2011）. Effects of eye images on everyday cooperative behavior: A field experiment. *Evolution and Human Behavior*, 32, 172–178.
（9）Francey, D., Bergmüller, R.（2012）. Images of eyes enhance investments in a real-life public good. *PLoS ONE*, 7: e37397. doi:10.1371/journal.pone.0037397
（10）Hardy, C. J., Latané, B.（1988）. Social loafing in cheerleaders: Effects of team membership and competition. *Journal of Sport & Exercise Psychology*, 10, 109–114.
（11）長谷川英祐（二〇一〇）『働かないアリに意義がある』メディアファクトリー
（12）Kameda, T., Tindale, R. S.（2006）. Groups as adaptive devices: Human docility and group aggregation mechanisms in evolutionary context. In M. Schaller, J. Simpson, D. Kenrick（Eds.）, *Evolution and Social Psychology*, 317–341. New York: Psychology Press.
（13）Kugihara, N.（1999）. Gender and social loafing in Japan. *Journal of Social Psychology*, 139, 516–526.
（14）釘原直樹（二〇一三）『人はなぜ集団になると怠けるのか――「社会的手抜き」の心理学』中公新書
（15）釘原直樹・寺口司・上田耕平（二〇一三）大集団の同調実験　日本社会心理学会第54回大会
（16）Kyrlitsias, C., Michael-Grigoriou, D.（2018）. Asch conformity experiment using immersive virtual reality. *Computer Animation and Virtual Worlds*, e1804. https://doi.org/10.1002/cav.1804
（17）Latané, B., Williams, K., Harkins, S.（1979）. Many hands make light the work: The causes and consequences of

social loafing. *Journal of Personality and Social Psychology*, 37, 822–832.

（18）Lewin, K.（1939）. Field theory and experiment in social psychology. *American Journal of Sociology*, 44, 868–896.

（19）Milgram, S.（1992）. *The Individual in a Social World: Essays and Experiments*（2nd ed., J. Sabini, M. Silver, Eds.）. New York, NY: Mcgraw-Hill.

（20）中川皓貴（二〇一七）．スポーツデータを用いた二八の法則の検討：人間集団における怠け者の意義とは．大阪大学人間科学部卒業論文（未刊行）

（21）Northover, S. B., Pedersen, W. C., Cohen, A. B., Andrews, P. W.（2017）. Artificial surveillance cues do not increase generosity: Two meta-analyses. *Evolution and Human Behavior*, 38, 144–153.

（22）押見輝男（二〇〇〇）．自己意識特性と同調行動：同調動機と課題関心度の調節効果．『心理学研究』七一、三三八–三四四．

（23）寺口司・釘原直樹（二〇一五）．攻撃行動に対する評価・評価推測に集団カテゴリーが与える影響．日本社会心理学会第56回大会

（24）Woodman, T., Roberts, R., Hardy, L., Callow, N., Rogers, C. H.（2011）. There is an "I" in TEAM: Narcissism and social loafing. *Research Quarterly for Exercise and Sport*, 82, 285–290.

## 参考図書

・**釘原直樹（二〇一一）『グループ・ダイナミックス 集団と群衆の心理学』有斐閣**

本章で取り上げた集団における人間行動の知見をまとめた一冊である。リーダーシップやテロ行動、パニック状態などさまざまな分野の知見を取り上げて解説している。教科書的であり、初学者向けとなっている。

・**スタンレー・ミルグラム（二〇〇八）（山形浩生訳）『服従の心理』河出書房新社**

本章でも知見を紹介したミルグラムの代表的な研究、「服従実験」の詳細を記した一冊である。社会心理学全体が倫理とは何か、そして人が個人の道徳を捨てるときは何かについて考えることとなった研究である。

・**亀田達也、村田光二（二〇一〇）『改定版　複雑さに挑む社会心理学　適応エージェントとしての人間』有斐閣アルマ**

本章で論じてきた他者との関係について、「進化」という枠組みから迫った一冊である。初学者向けとは言い難いものの、現代の社会心理学がどういった切り口から社会の謎に迫ろうとしているのか、新たな一面を見ることが出来るだろう。

# 第７章　リスクを感じる

中井　宏

## １　リスクとは何か

心理学の有名な用語に「マズローの欲求五段階説」というものがある。その中で安全欲求（身の安全を守りたいという欲求）は生理的欲求（食べたいとか眠りたいといった生命維持のための欲求）に次ぐ人間の基本的な欲求である。この欲求を充たすためには、普段から私たちの周囲にあるさまざまなリスク（risk）と上手く付き合っていく必要がある。リスクについて常に意識することは少ないかもしれないが、ちょっと考えてみただけでも、地震や洪水といった自然災害のリスク、病気のリスク、交通事故のリスク、入学試験や就職試験失敗のリスク、犯罪被害のリスクなど、多くのリスクに思い当たるだろう。こうしたリスクとうまく付き合うためには、そのリスクについて正確に見積もり、適切な対処法を知っておくことが非常に重要となる。例えば地震や洪水のリスクに関しては、いつどこで発生するのか、もし起きた場合にはどのような行動をとれば良いのかといった知識が必要となる。また、病気のリスクを避けるためには、病気になる可能性を踏まえて定期的に健康診断を受けたり、バランスの良い食生活を送ったり、適度な運動習慣を持つ必要があるだろう。それでもリスクを完全に避けることは不可能であるため、地震保険や生命保険に加入して、災害や疾病に備えている人も多い。

ここまで特に断りなく「リスク」という言葉を使ってきたが、リスクマネジメントの国際規格であるＩＳＯ３１０００では、「目的に対する不確実性の影響」と定義されている。二〇一八年二月に改訂された定義では、「不確実性の影響」はマイナスの影響だけでなくプラスの影響も含めた概念として捉えられている。一般的な辞書で「リスク」を引くと「危険」とあるため、マイナスのイメージを抱きやすいが、例えば「投資のリスク」という場合には、結果的に儲かる可能性も包含されている。つまり投資先の株価が上がるか下がるかいずれにせよ、不確実であるならばリスクとして捉えることになっている。ただし、筆者が専門とする交通心理学や産業心理学においては、事故防止を研究の主眼としていることから、プラスの影響に眼を向けることは少なく、「被害の重大性」と「被害が起こる確率」を掛け合わせた積で表されるものをリスクと定義することが多い。

航空機事故を例にとれば、一回の事故で何名の死者が出るかというのは「被害の重大性」である。一方、フライト何回あたり一回の事故が起こるかというのが「被害の起こる確率」である。世界各国の航空会社が加盟する国際航空運送協会（The International Air Transport Association）[3]によれば、二〇一七年の航空機の死亡事故は六件であり、事故率にして一〇〇万フライトあたり一・〇八件、直近五年間でも二・〇一件であることから、確率は〇・〇〇〇一から〇・〇〇〇二％程度だと推定される。すなわち航空機事故の場合は、仮に墜落事故が起これば多数の死者が出るという点で、被害の重大性が大きいものの、事故の確率は低いと言える。かたや同じ乗り物であっても、道路で事故が起こる確率は高い。世界保健機関（World Health Organization）の統計[14]によれば、世界では毎年交通事故で約一三〇万人もの命が失われている。しかし交通事故の場合、一回の事故あたりの死者数は多くても数名程度に留まることから、航空機事故に比べれば「被害の重大性」は小さいということになる。航空機事故と交通事故について、「被害の重大性」と「被害が起こる確率」をそれぞれ算出すれば、航空機と自動車のリスクを比較することも可能となるだろう。ただし「被害の重大性」も「被害が起こる確率」も、各々の専門家が数量的に定義することは可能だが、重大性や確率をどのように評価するかという問題は残る。例えば、労働災害の状況を表す指標に労働災害率（強度率）がある。これは、延べ実労働時間一〇〇〇時間あたり、労働災害によってどの程度の損失が起こったかの割合のことであり、（延べ労働損失日数÷延べ実労働時間数）×一〇〇〇で求められる。延べ労働損失日数とは、労働災害によって働けなくなった日数なので、四日間休業したならば四日となるが、災害で死亡した場合にはどうだろうか。我が国では七五〇〇日に換算して計算されているが、果たして七五〇〇日は妥当だろうか。また先ほどの自動車や航空機の事故が起こる確率も、トリップ数（フライト数）ごとに求めるのか、走行距離（飛行距離）ごとに求めるのかなど、さまざまな推定方法がある。何をもって被害とするか、あるいは確率と見なすかによってリスクの推定が変わりうるものの、これら二要素を加味して求められるものを客観的なリスクと呼ぶ。

## 2　客観的なリスクと主観的なリスク

前節で航空機事故のリスクと交通事故のリスクについて述べたが、世界的に見た場合、航空機事故での死者は二〇一二年から二〇一六年までの五年間を平均すると年間三一四・六名、交通事故による死者は約一三〇万人である。つまり客観的には航空機は自動車よりも安全な乗り物である。しかし時に人は、安全であるはずの航空機に乗るほうが怖いと感じることがある（筆者も以前はそうだった）。一般の人々が主観的にリスクを見積もることを「リスク認知」と呼ぶが、本節では、専門家が推定する客観的リスクと、リスク認知のズレについて述べることとする。

### (1) リスク認知の背後にあるもの

客観的なリスクは被害の重大性と被害が起こる確率の積で表されるが、一般の人々は、このような客観的数値をもとにリスクを評価しているわけではない。それでは一般の人々は、どういった情報をもとにリスク認知をしているのだろうか。スロビック[9]は遺伝子工学や自動車事故、アルコール飲料など、多様な領域の81のリスクについて、リスク認知の要素を明らかにすることを試みた。その結果、「恐ろしさ」と「未知性」、「被害が及ぶ人数」の三つの要素（専門用語では因子と呼ぶ）をもとに、一般の人々はリスク認知をしていることが示されている。「恐ろしさ」にもとづく評価とは「制御不可能である」とか「結果が致命的である」、「将来の人類にも影響が及ぶ」などの観点からの評価である。「未知性」にもとづく評価には「観察できない」とか「影響が現れるのに時間がかかる」、「新しい」などの観点からの評価が含まれる。

三要素の中でも特に「恐ろしさ」と「未知性」の影響が大きいとされ、提示された81の事象に対するリスク認知の七〇%から八〇%を、これら二つの要素で説明できるとした。これら二つの要素をもとに、スロビック[9]の研究に参加したアメリカ人のリスク認知を示したものが図7-1である。横軸は「恐ろしさ」の評価を、縦軸は未知性の評価を表している（見やすさのため、81のリスクのうち一部のみ図示している）。例えば遺伝子工学や放射性廃棄物は、恐ろしさも未知性も高いリスクである。これに対して自動車事故やスキー、アルコールなどは、恐ろしさも未知性も低いリスクである。また、未知性は低いが恐ろしさは高いものには核戦争があり、逆に

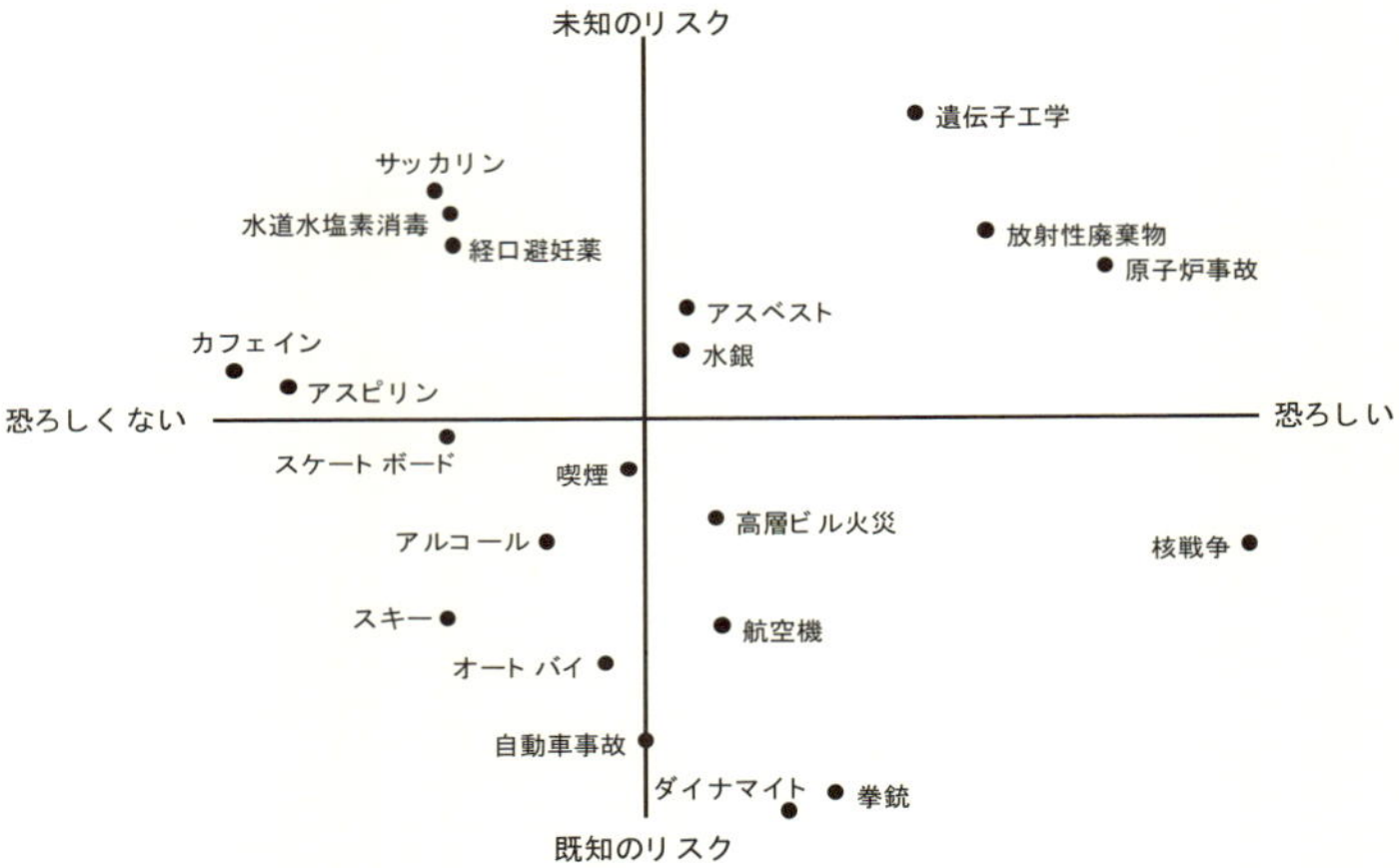


**図7–1　リスク認知の要素**
（Slovic（1987）（引用文献 9））より作成）

恐ろしさは低いが未知性が高いリスクとしては水道中の塩素や経口避妊薬などがある。その後、リスク認知の構成要素を探る研究が世界中で行われたが、文化や社会体制等に違いがあっても、これら二因子は多くの研究で共通して抽出されている。これらの結果を受け近年では、一般の人々がリスクを高く認知する背景には、「恐ろしい」とか「未知なものである」という判断が非常に影響していると考えられている。それは、「被害の重大性」と「被害が起こる確率」をもとにした専門家のリスク評価とは、判断の基準が異なることを意味している。二〇一一年の東日本大震災後、専門家がいくら福島県産の食品の安全性にお墨付きを与えても、多くの消費者が福島県産を買い控えた理由の一つでもあると考えられる。

## (2) リスク認知の歪み

人々の主観的なリスク認知と客観的なリスク評価の隔たりをリスク認知の歪み（バイアス）と呼ぶ。実はリスクに限らず、私たちが物事を判断する際には認知バイアスと呼ばれる「色眼鏡」の影響を受けることが多いのだが、種々の認知バイアスに関する説明は他書に譲り、本章ではリスク認知に特に関連するものを取り上げて説明する。

まず、人々のリスク認知は、できごとの記憶しやすさや思い出しやすさによって影響を受けやすい。専門用語では「利用可能性ヒューリスティック（availability heuristic）」と言い、思い出しやすい事象ほど頻度や確率を高く見積もる傾向がある。すなわち、大きな災害が直近に発生していたり、テレビや新聞などで繰り返し報道されたりすると、リスク認知が高まる可能性がある。例えば二〇一五年に行われた内閣府の「少年非行に関する世論調査」[5]において、少年による重大な事件が増えていると思うかどうかを尋ねたところ、「かなり増えている」と回答した者が四二・三%、「ある程度増えている」と回答した者が三六・三%となり、約八割の人々は少年非行が増えていると感じているようである。しかし警察白書[6]によれば、二〇一〇年中に刑法犯で検挙・補導された中学生は四万一四七四人、高校生は三万三九一七人だったのに対し、二〇一五年は中学生で一万七〇一五人、高校生で一万四六五七人となっている。二〇一七年もさらに減少しており、中学生で一万二九二人、高校生で一万二〇九人と戦後最少を更新し続けている。客観的には、かつてないほど少年犯罪のリスクが少ない時代であるにもかかわらず、少年犯罪へのリスク認知は高いのである。この理由として、かつてはローカルニュース扱いだった少年犯罪が、全国ニュースで取り上げられるようになり、さまざまな肩書きの「コメンテーター」が近年のいじめやネットトラブルなどについて、長い時間を使って話題にしている影響が大きいと考えられる。

少し古い研究だが、リヒテンシュタインら[7]はさまざまな事象による年間死亡者数を推定させ、実際の死亡者数との関係を図7-2のようにプロットした。死亡者数はともに対数変換されているが、実際の死者数と推定死者数が合致すれば、図中の破線に沿うようにプロットされるはずである。ところが図7-2からは、確率の低い事象の生起確率は実際よりも高く、確率の高い事象の生起確率はより低く感じるバイアスが明らかとなっている。また、実際の死者数と推定者数が逆転しているものもあり、糖尿病と殺人では糖尿病による死者数が多いにもかかわらず、殺人による死者数が多いと考える人が多かった。リヒテンシュタインらは、情報接触量に注目し、殺人事件がテレビドラマで扱われたり、ニュースで報道されたりする頻度が多いためだと説明している。確かに、糖尿病で亡くなる人の話をテレビドラマ化した番組を、少なくとも筆者は知らない。なおマスコミ報道だけでなく、自分自身や家族、さらには友人がそれぞれの致死事象で亡くなったとか、苦しんでいるという情報に接したことがあるかどうかも、各事象へ

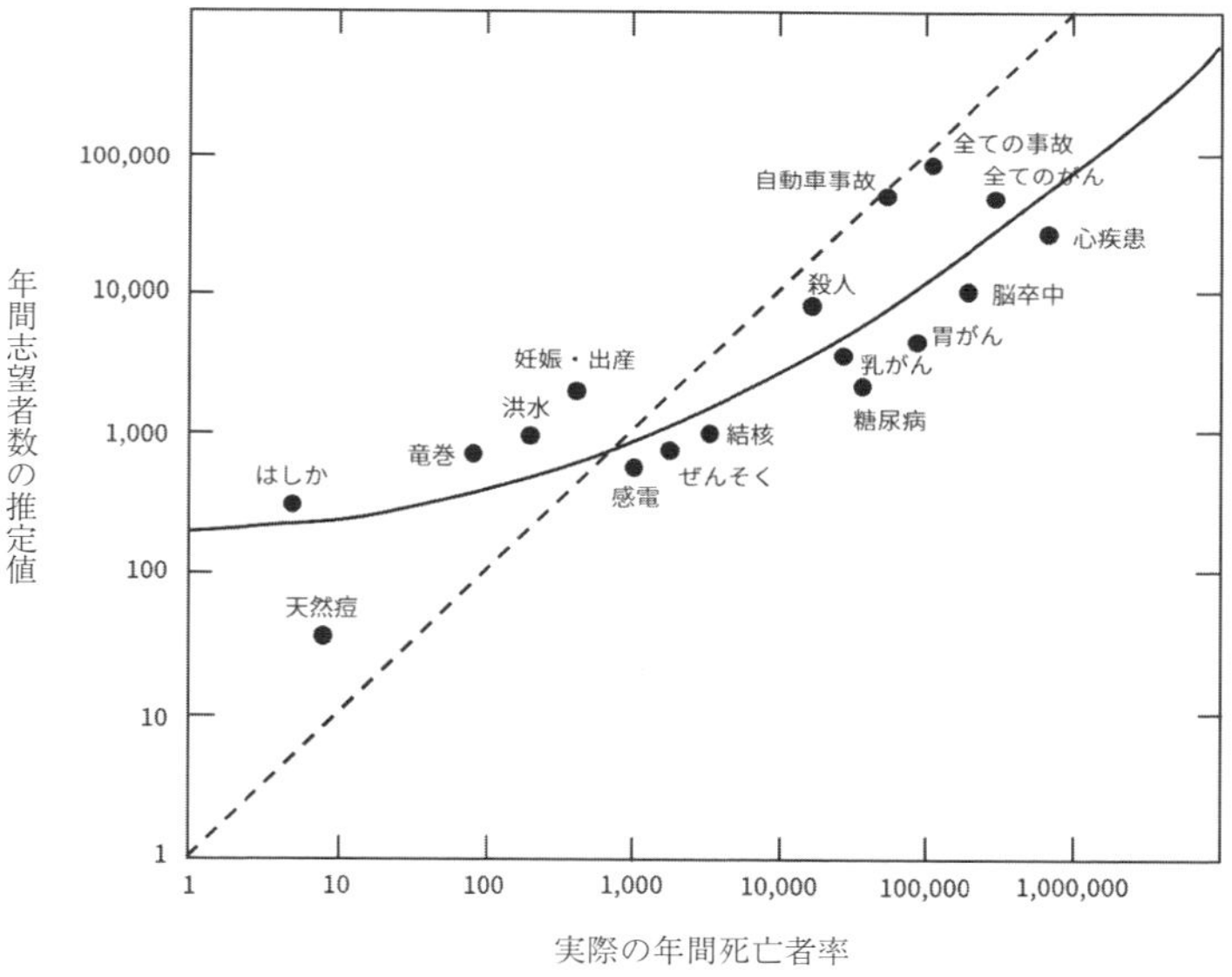


**図7-2　致死事象による実際の死亡者数と推測数の関係**
（Lichtenstein et al.（1976）（引用文献7）より自動車事故死亡者数を目安として事前に知らせた場合の図をもとに作成）

の思い出しやすさやイメージしやすさに影響すると考えられる。

そのほか、情報の提示方法を少し変えるだけでも、リスク認知が変わることもある。表現の仕方（フレーム）が異なれば、受け止め方が違ってくるというフレーミング効果はその典型である。フレームには、肯定的な表現を使うポジティブ・フレームと、否定的な表現を使うネガティブ・フレームがあり、ネガティブ・フレームで提示された選択肢よりもポジティブ・

フレームで提示された選択肢の方が好まれるのである。有名な例としては、とある病気に対する手術のリスクを生存率で表現したポジティブ・フレームと、死亡率で表現したネガティブ・フレームの比較がある。手術の結果、生存率が四〇％であるのと死亡率が六〇％であるのは同じリスクを表しているが、患者は生存率で表現された手術法を選択しやすい。逆に考えると、相手にリスクを受容してほしければ、ポジティブ・フレームで情報を伝達することでその確率が高まるだろう。

また近年、防災に関する報道でも耳にする機会が増えた「正常性バイアス（normalcy bias）」もリスク認知に厄介な影響を及ぼす。一般的なイメージとして、人々は災害に直面すると慌てふためき、パニックになると予想する人が多いかもしれないが、実際にはパニックになるケースは少なく、むしろその逆で、危険なのに焦らず「どうせ大丈夫だろう」と過小評価して逃げ遅れてしまう人が多い。二〇〇三年の韓国大邱地下鉄放火事件や二〇一一年の東日本大震災においては、煙が充満する地下鉄の車内に座ったまま逃げようともしない乗客の姿や、背後から津波が迫る中を走らず歩いて避難していて逃げ遅れる姿が動画投稿サイトでも流れていた。本書を手にしている今このとき、火災報知器が鳴動したら、あなたはどう思うだろうか。「どうせ誤作動だろう」とか「誰かのイタズラだろう」と思ったのなら、それこそが正常性バイアスである。近年、毎年のように大規模な気象災害に見舞われるが、気象庁は七種類の警報と一六種類の注意報に加え、二〇一三年八月三〇日からは六種類の特別警報の運用を開始している。従来の警報の発表基準を遥かに超える豪雨や大津波等が予想され、重大な災害の危険性が著しく高まっている場合に発令されるため、特別警報が出ている地域は「数十年に一度しかないような非常に危険な状況」にある。すなわち、当該地域の住民は避難指示（緊急）や避難勧告などの情報に留意し、いのちを守るための行動をとる必要がある。ところが、二〇一七年までに計七回発表された特別警報だが、朝日新聞の調査[1]によれば避難指示が出された地域の住民のうち、実際に避難所へ避難した人は二・六％に留まったとのことである。イソップ寓話の「狼と羊飼い」は、嘘をついてはいけないことを子どもに教える内容と思われがちだが、近年、市町村は空振りを恐れずに避難情報を発表する傾向にあり、私たち大人も、この寓話の村人の正常性バイアスから学ぶことがあるだろう。

また正常性バイアスと似た概念として、人間には楽観主義バイアス（optimistic bias）が備わっている。起きてほしくない危機的な事象が自分の身に降りかかる確率を低く見積もる傾向である。例えば、アメリカとスウェーデンの大学生を対象に、自身の運転の巧みさや安全性を周囲と比較させた研究では、アメリカ人では約九割が、スウェーデン人でも七割から八割が周囲の他者よりも自身の技能や安全性を高く評価した[12]。また、アメリカで行われた大規模調査によれば、喫煙者は自分が肺がんにかかる確率を平均的な喫煙者が肺がんにかかる確率よりも低く見積もることが明らかにされている[13]。

このようなことが生じる心理的メカニズムは、社会心理学の認知的不協和理論（cognitive

dissonance)[2]によっても説明することができる。自分が持っている認知要素間に矛盾（不協和）が生じると、それを解消しようと動機づけられるという理論である。イソップ寓話の例を続けて恐縮だが、「酸っぱい葡萄」という話を知っているだろうか。美味しそうな葡萄を見つけたキツネが、その葡萄を取ろうとするが、手が届かない。そこで、「あの葡萄は酸っぱいに違いない」と考え直すことで諦める話である。キツネにとって矛盾した認知要素とは、「葡萄を食べたい」と「葡萄に手が届かない」である。食べたいけれども届かない状態が不協和であるため、この不快な状態を解消するために、「あの葡萄は酸っぱいに違いない」と認知を変更するのである。リスク認知で言えば、喫煙者が「タバコは健康に悪い」というメッセージをしばしば無視する例が挙げられる。喫煙者にとって「タバコは健康に悪い」という認知と、「自分が喫煙している」という認知は不協和状態である。そこで「タバコは健康に悪い」という情報を無視したり、あるいは重要でないと軽視したりすることによって不協和を解消しようとする。あるいは、「自分の祖父や父も喫煙者だったけど長生きだった」等のように、自分の考えに合致した認知要素を加えることで、認知的不協和を解消することもある。

### (3)　ベネフィットの認知

私たちが直面するリスクには、大きく二つに分けることができるだろう。一つは、目の前に捕食者のような外敵が現れるような状況である。距離的にも時間的にも差し迫った確実性の高いリスクが目の前に生じると、リスク回避行動をとる以外の選択肢にはほとんど意味がなく、とにかく迅速に逃走するなどの本能的な対処が求められる。実際、人間以外の生物もみな、この種のリスクを認知（むしろ「察知」と呼ぶ方がしっくりくるかもしれない）する能力を進化の過程で遺伝的に獲得している。もう一つは、まれに襲ってくる天災のようなリスクである。発生確率が比較的小さく、起こるとしても遠い先に思われるリスクであり、リスクを回避すべきかどうかの費用便益計算をする余地のあるタイプである。自社のセキュリティシステムを強化しなければ、サイバー攻撃を受けるリスクがある場合、どういった対処をとるか、分析的・論理的思考を巡らせて意思決定することになる。前者の差し迫ったリスクに対しては、回避コストがリスクに見合うかどうかをじっくり検討している暇はないし、そもそも自分の命が危ないときには回避のコストは無視できるだろう。一方で後者のような差し迫ったとは思えないリスクに対しては、コストやベネフィットとの釣り合いを検討することになる。

スター(11)は、リスクとベネフィットの関係についてさまざまな統計資料を利用し、リスクを伴う活動が社会全体にもたらすベネフィット（一人あたりの年間利得（ドル）の換算値）と、事故のリスク（一時間あたりの死亡確率）を算出し、両者の関係性を検討した。例えば、自動車事故のリスクは、当時全米で登録されていた自動車台数にもとづき、自動車が一・五人に一台の割合で行き渡っていると仮定し、さらに一台あたりの年間走行時間が四〇〇時間であるとの統計資料から算出した。ベネフィットについては、自動車を自分で運転することによって、平均的なアメリカ人は一日一時間の節約をしているとすると、当時の給与水準から見て、それは一日五ドルくらいだと算出している。自動車利用の他に、航空機や鉄道の利用、スキーや喫煙など種々の活動について求めたリスクとベネフィットをプロットし、リスクの受容はベネフィットの三乗にほぼ比例すると結論づけている。つまり、ベネフィットが二倍になれば八倍のリスクが受容され、ベネフィットが三倍になれば二七倍のリスクが受容されるということである。このことは、ベネフィットが増大すると認識すれば、人々がリスクを受け入れる可能性が飛躍的に高まることを示唆している。

なお、地震予知のように、長期的に危機的な事態が起こる確率があるとしても、それがごく近々に起こる確率はかなり小さい。一方で、リスクに対して事前に予防策を講じるには目先のコストがかかる。人間は将来のできごとの現在価値を割り引いて認識する傾向を持っている。具体的には、今すぐ一〇万円手に入るのと、一年後に一〇万円が手に入るのとでは、今すぐのほうが嬉しく感じるだろう。すなわち、リスク回避のための目先のコストは大きく、遠い将来の損害は小さく感じられる。危機に対する事前の備えに十分なコストが支払われない一因はそこにあるだろう。さらに、リスク回避にかかるコストは現時点で確実に支払う必要があるのに対し、ベネフィットは遠くに漠然としか見えない。人間は損失を極端に嫌う傾向があり、損失の確定を先延ばしできるならば、進んでリスクをとることもある。企業が赤字事業からなかなか撤退せず、赤字拡大のリスクを抱え続けるのは、「撤退すると損失が確定するが、事業を継続する限り損失は確定しないし、場合によっては持ち直すかもしれない」と考えることが一つの理由であろう。このバイアスは、コンコルド効果（Concorde effect または Concorde fallacy）と呼ばれている。コンコルドとは、通常の航空機の約二倍の高度をマッハ二・〇の速度で飛行した超音速旅客機である。一九六九年に初飛行し、定期路線にも就航したものの、燃料高騰や騒音問題等を抱え、各航空会社の注文が相次いでキャンセルされた。開発当初から、定員の少なさや燃費の悪さから採算ベースにのらない見通しはあったものの、いったん動き始めた計画を二〇〇三年の最終飛行まで止めることができなかったのである。

またリスク認知には、感情が大きな役割を果たすことも知られている。[10] リスク事象に対する恐怖や不安といったネガティブな感情だけでなく、リスクをとることによってもたらされる可能性のあるベネフィットに対してポジティブな感情が喚起される場合もある。ポジティブな感情が喚起されると、リスクは小さく評価され、逆にネガティブな感情が喚起されると、リスクは高く評価される。例えば宝くじ購入の意思決定を考えた場合、宝くじの当せん確率は非常に低く、くじの代金に対する期待値はマイナスである。我が国で販売されるジャンボ宝くじの一等の当せん確率は一〇〇〇万分の一である。なかなか一〇〇〇万分の一という確率をリアルにイメージしづらいので、身近なものに置き換えて考えると、二〇〇キログラム（一〇キログラムの袋を二〇袋）のお米の中から一粒を探し当てる確率である。それでも多くの人が宝くじを買うのは（並んでまで買う人も多数！）、大当たりしたときのベネフィットをイメージするとポジティブな感情が沸き上がり、当せん確率を実際よりも高く感じ、一等が当たったときの喜びも過大評価するためだろう。同様に、原子力発電に対して恐怖などのネガティブな感情を抱く人は、原発事故の発生確率や被害の重大性を相対的に高く見積もる傾向があり、逆に原子力発電で利益を得ている人は原発に対してポジティブな感情を抱くために、事故の発生確率や被害の重大性を低く見積もる傾向があると考えられる。

## 3　リスクを冒す心理

ここまで、リスクを「感じる」ことについて説明したが、私たちはリスクを感じても常に回避するわけではなく、リスクを冒すことも多い。リスクを認識していながら、敢えてその行為を行うことをリスクテイキング（risk taking）と呼び、私たちは多かれ少なかれリスクテイキングしながら生きている。そもそもリスク（risk）の語源とされるイタリア語／ラテン語のリジカーレ（risicare）には、「勇気をもって試みる」という意味があるようで、リスクテイキングはポジティブな意味で捉えられることも多い。企業経営の面では、ある程度のリスクをテイクしながら企業が成長するだろうし、全てのリスクを避けてばかりではライバル企業に後れを取るだろう。個人のレベルでも、失敗を恐れずに挑戦するほうが、失敗を恐れて挑まないよりも肯定的に評価されるのではないだろうか。

一方で、無謀と見なされたり、法に触れたりするようなリスクテイキングも存在する。交通心理学や産業心理学では、リスクテイキングは交通事故や産業事故の一因とされ、防止策が講じられている。しかし安全対策を進めれば進めるほど、その分だけ安全になるかと言えば、話はそう単純ではない。例えば、広くて見通しも十分で、頑丈な中央分離帯があって路肩も広い道路を作ったら、ドライバーはその道路を安全だと感じ、速度を出すのである。最も注目と議論を集めたのは、一九七六年にペルツマン(8)が発表した論文である。彼は、自動車の安全装置（特にシートベルト）の装備が法律で義務づけられた後に、事故が減ったためしがないと主張した。「ドライバーは、自動車の安全規制による事故リスクの低減を、運転の攻撃性とトレードしている」と述べ、それ以来この現象は「ペルツマン効果」と呼ばれている。スカイダイビングの世界では、かつて最大の死亡リスクはいわゆる「ロー・プル（低高度になるまでパラシュートを開かないこと）」か「ノー・プル（まったくパラシュートを開かないこと）」だった。事故の大半は、メイン・パラシュートが開かないものだが、その場合に予備パラシュートを開き忘れたり、開くタイミングが遅かったりするためにこうした事故が起きていた。一九九〇年代になると、「高度が低くなり必要に迫られれば自動的に予備パラシュートを開いてくれる装置」が開発され、ロー・プルやノー・プルの死傷者数は劇的に減少した。一方、かつては珍しかった、パラシュートは開いたものの着地時に地面に激突して死ぬ事故が増えた。スカイダイバーたちは、おとなしく着地すればよいものを、急降下やターンなど、パラシュートが開いているときに行っては危ない行為をとるようになったのである。ペルツマン効果に言い表される同様の現象は、他の経済学者や心理学者、安全専門家なども「リスク・ホメオスタシス」、「リスク補償」、「オフセット仮説」といった名で諸説を発表し、数十年にわたって賛否両論を繰り広げている。

現在自動車業界では、自動運転の技術開発が進んでいる。筆者自身、ハンドルもペダルもないバスに試乗させてもらったこともあるが、限られた交通環境（空港や企業等の敷地内）であれば既に実用化可能な水準にある。完全自動運転車が市販されるのは、まだまだ当分先のことだろうが、自動運転車が主流になってくれば、「いざという時の見張りをするように」言われても、読書をしたり、スマホをいじったり、眠りに落ちたりするかもしれない。新たな技術開発によって機械やシステムの安全性が向上したとしても、ユーザーが思いもよらない危険な使い方をする可能性を技術者は肝に銘じておく必要があるのである。

## 4　おわりに

本章では「リスク」に対して、人間科学という学問のうちの心理学の観点から説明してきた。従来、リスクの低減や安全性の向上については、機械やシステムを設計・製作し運用する工学の専門家が主体となって取り組んできたが、機械・システムと人間の相互作用を考える上で、人間がどのような特性を持っているのか、特定の状況下で人間はどうふるまうのかを十分理解しておく必要性が認識され、リスクや安全の分野で心理学者に期待される役割も大きくなってきている。イザヤ・ベンダサンこと山本七平氏が著書『日本人とユダヤ人』(4)の中で、日本では水と安全はタダだと思っている人が多いと記しているが、近年の地震や台風、大雨のことを考えると安全はタダとは考えにくい時代となっている。学問としての人間科学は、今後ますます「安全・安心」な社会の実現に貢献していく必要があるだろう。

普段ほとんど意識することのないリスクであるが、本章を読んで、身の周りのさまざまなリスクに目が向いたかもしれない。もしかすると、あれもこれも怖いと急に不安に感じ始めたかもしれないが、まずはリスクを感じることが対処の一歩目である。必要以上に怯えることはないが、避難時に持ち出す防災グッズの用意や、避難場所や連絡方法の家族との取り決めなど、感じたリスクに応じて十分な備えをしてほしい。

またリスクは降りかかるものばかりではなく、私たちが自らリスクを冒すことがあることを説明した。リスクを冒すのは、その先にあるベネフィットを得ることが目的であろう（全く便益のないリスクを冒す人はきっといないだろう）。将来リスクを伴う決断をするときには、本章で紹介したリスク認知の歪みのことを少し思い出し、本当にリスクを冒して良いか、あるいは避けるべきかじっくり判断してもらいたいものである（それが、非常に難しいことではあるのだが…）。

## 引用文献


（1）朝日新聞（二〇一八）：大雨の特別警報で避難指示、実際に避難は住民の3％弱　二〇一八年八月二七日朝刊

（2）Festinger, L., Carlsmith, J. M.（1959）. Cognitive consequences of forced compliance. *Journal of Abnormal and Social Psychology*, 58, 203–210.

（3）International Air Transport Association（2018）. SAFETY REPORT IN 2017 https://www.iata.org/publications/Pages/safety-report.aspx（参照日二〇一九年三月六日）

（4）イザヤ・ベンダサン（一九七一）：『日本人とユダヤ人』角川ソフィア文庫

（5）内閣府大臣官房政府広報室（二〇一五）：少年非行に関する世論調査（平成二七年七月調査）

（6）国家公安委員会・警察庁（二〇一八）：平成三〇年警察白書

（7）Lichtenstein, S., Slovic, P., Fischhoff, B., Layman, M., Combs, B.（1976）. Judged frequency of lethal events. *Journal of Experimental Psychology: Human Learning and Memory*, 4, 551–578.

（8）Peltzman, S.（1976）. The effects of automobile safety regulation. *Journal of Political Economy*, 83, 677–726.

（9）Slovic, P.（1987）. Perception of risk. *Science*, 236, 280–285.

（10）Slovic, P., Finucane, M., Peters, E., McGregor, D. G.（2004）. Risk as analysis and risk as feelings: Some thoughts about affect, reason, risk, and rationality. *Risk Analysis*, 24, 311–312.

（11）Starr, C.（1969）. Social benefit versus technological risk. *Science*, 165, 1232–1238.

（12）Svenson, O.（1981）. Are we less risky and more skillful than our fellow drivers? *Acta Psychologica*, 47, 143–148.

（13） Weinstein, N. D., Marcus, S.E., Moser, R. P.（2005）. Smokers' unrealistic optimism about their risk. *Tobacco Control*, 14, 55–59.

（14） World Health Organization（2015）. Global status report on road safety 2015.

# 参考図書

・中谷内一也 編（二〇一二）『リスクの社会心理学――人間の理解と信頼の構築に向けて』有斐閣

リスクとはどういうもので、それを人間がどう認知しているか、また、社会の中でリスクをどう位置づけ、どのように対処していくべきかについて、複数の専門家がコンパクトにまとめている。先行研究や事例の紹介、「災害」にからめたコラムなど、読みやすくわかりやすい内容となっている。

・ジェラルド・J・S・ワイルド（二〇〇七）（芳賀繁訳）『交通事故はなぜなくならないか――リスク行動の心理学』新曜社

道路を改良したり、交通取り締まりを強化しても交通事故が減らない理由は何か。本章ではペルツマン効果として紹介した不思議な人間の心理について、自動車を例にとってわかりやすく説明されている。

・篠原一光・中村隆宏 編（二〇一三）『心理学から考えるヒューマンファクターズ――安全で快適な新時代へ』有斐閣

安全で快適な科学技術を開発するためには、人間の心理や行動を理解する必要がある。こうした研究に取り組む際に必要となる心理学的な知見について、個人レベルから集団レベルまで複数の専門家によってわかりやすくまとめられている。

# 第8章　正義を感じる

綿村英一郎

## 1　はじめに――正義の定義

正義とは何だろう。幼児や小学生向けのアニメでは、正義の味方であるスーパーヒーローたちが「困っている人たちを助けるため、悪を退治してやる！」などと高らかに宣言するシーンをよく見かける。大人向けの映画やドラマなどであっても、（複雑な人生観が加わってくるせいか、子ども向けよりはやや間接的な表現にはなることが多いけれども）やはり正義vs悪という構図はよく見かけられる。このように、アニメや映画などの創作物の中ではよく使われる「正義」という概念だが、そもそも「人は何をもって正義と感じるのか？」という根幹の問いに関しては、正義を専門とする法学・哲学・倫理学・宗教学・心理学でもまだまだ決着はついておらず、経済学・神経科学・進化学を含めさまざまなアプローチを借りてもまだなお難しい。

それでも、正義に対する私たちの認識はある程度共通している。たいがいにおいて、困っている他者を助ける行為は称賛されるし、ずるをして他者を出し抜けば非難される。さらに言えば、こうした認識は時代的・文化的な普遍性もある。しかしその一方で、例えば、アメリカ同時多発テロ事件以降の報復攻撃を含む、一連の「正義」を盾にしたテロ対策は批判的にも捉えられうる。「テロによって自国民に被害が出ないようにする」という建前は立場や状況によって「正義」ではない場合もある。かくして、一口に「正義」と言え、普遍性は一定程度あるようでも立場や状況によって感じられる正義は同じではない。また、正義かどうかは周りの存在を前提としていることをふまえると、正義には「他者」も重要なキーワードとして関わってくる。

この章では、まだあやふやな部分も残る正義という概念について、近隣する「公正」「公平」「道徳」といった概念および他の研究分野での扱われ方を見ながら、最後に社会的に正義が最も強く求められる裁判の場面についても考えてみたい。はたして、私たちは何をもって正義を感じることができるのか。

# 2　公正研究

## (1)　正義と公正

正義（justice）と関連が深い概念に公正（fairness）がある。多くの場合、正義を前提として公正が語られるという意味で、全く同一ではないにせよかなり近い関係にあり、公正は正義を考える上での重要なヒントになっている。あえて両者を区別するならば、正義は内在化された信念であり、公正は正義の中でも社会の中で共有化され、一部は規則やルールのように外在化された信念である（ただし、正義も公正も「感じる」という主観的な枠組みで判断されるときにはどちらも結局は内在化された信念と言える。ただし諸説ある）(8)。

両者の違いがいまいちわかりにくいという読者のために、災害時に生活必需品を配らなければならないという状況を例に考えてみよう。このとき、公正にもとづくならば電車やコンビニエンスストアのように並んだ順に配る、世帯構成に関係なく世帯人数によって全員に同じ量が配分されるように配るのが望ましい方法と言えるが、正義にもとづくならば、普段から地域活動に貢献してきた人の順に配り、近所に迷惑をかけてきた人は後回しにするという方法もアリという考え方になる。

## (2) 分配的公正

分配的公正とは、一定の資源をメンバーに分けるときに関する概念である。分配的公正について最も古典的な公正理論と言えば、アダムスの衡平理論である。(1) ついでなのでここで少し用語を整理しておくと、〝公正〟と〝公平〟は「公の前に正しく、平等である」という意味ではほとんど同じような概念である。一方、〝衡平〟は「ぴったり均衡がとれている」といった概念であって、公を前提としているわけではない。厳密にはそうした違いもあるが、以降は気にせず読み進めてもらってよい。アダムスは、投資（Input）と報酬（Output）の〝バランス〟が保たれることが重要であると考えた。例えば、一時間働いて千円もらえるというルールのもとで、三時間働いて三千円をもらえると公正だと感じるが、三時間働いても千円しかもらえなければ不公正だと感じるだろう。しかし、五千円もらってしまうとどうであろうか。「ラッキー！」とは思いつつも、少しきまりが悪いような感覚を持ってしまうのではないだろうか。つまり、嬉しく感じるのと公正を感じるのとは別のことなのである。その意味では、やはり〝バランス〟が公正さを感じる上で重要であるということになる。とは言え、このバランスは他者との比較によっても左右され、主観的で相対的なものでもある。例えば、上記と同じ条件（一時間千円）でお金をもらえる場合でも、同じ仕事をしているのに一時間あたり千五百円もらえる同僚がいたとしたら、公正だとは感じにくい。この点において、アダムスの衡平理論にもいささか問題がある。

このあたりは、相対的剥奪理論にも関係するので、少しふれておこう。マートンの相対的剥奪理論では、「自分が所属している」という感覚の強い集団（準拠集団という）の中での比較が公正感に影響するというものである。[7] マートンは、アメリカの航空隊と憲兵隊の兵士たちを対象に、昇進制度に対する満足感を調べた。全体的に、航空隊と憲兵団では、前者のほうが昇進が早い。そうなれば当然、航空隊の兵士たちのほうが「早く上官になれる」と思い、昇進制度に対して高い満足感を持つはずである。しかし、結果はその逆であった。航空隊では、自分と同レベルの地位にいるものが半数程度で、上位にいってしまった者が多数いた。一方、昇進が遅い憲兵団は自分と同レベルなのに下の地位の兵が八割もおり、彼らと比較して優位を感じていたからである。他の例を挙げれば、ふつうは経済的には恵まれている金持ちのほうが貧乏よりも幸せであるはずだが、金持ちでも自分が不幸だと思ってしまうことがあるのはより幸せな金持ちを見て自分と見比べてしまったからなのかもしれない。

相対的剥奪理論からも示唆されるように、アダムスの理論はやや現実性に乏しい。これをより精緻に説明したのがドイチュであった。[2] アダムスの衡平理論のいわば「改版」としてドイチュがあらたに提案したのが、従来の「衡平性」に加え「均等性」と「必要性」という二つを加えた三つの概念によって決まるという公正感である。そのうち、「均等性」とは、とにかく全員がすべて同じように資源分配されるべきであるとする考え方であり、富んでいようが貧しかろうが、努力していようが努力していまいが等しく扱われることが前提となる。例えば、ある会社で思いのほか営業利益があり特別ボーナスを支給しようとするとき、個々人の営業成績によらず一律の額にするような配分方法である。こうした方法が公正と感じられやすいのは、社員同士の連帯意識（いわゆる横のつながり）が強く、チームとして役割分担が明確であり、互いに助け合っているような場合である。これとは対照的に、個々人それぞれにノルマが課されているような場合は衡平性が重視されるため、営業成績（投資）に応じてボーナス額（報酬）を決める方法が公正を感じさせやすい。

もう一つの「必要性」とは、足りないところに応じて資源分配をすることが公正さにつながるという考え方である。投資と報酬のバランスを求める衡平性、それらを無視しての平等な分配を求める均等性はどちらもある程度の客観的な合理性があるように考えられるが、必要性は集団社会に生きる人ゆえの慈愛や共感といった情緒性にも由来し、やや主観性を重視する概念である。具体例としては、生活保護のように、社会的弱者である対象に対して相対的に手厚く支援する政策がそれにあたる。先ほどのボーナスの例で言えば、仕事のスキルが高く職務も全うしているものの、子育てのために早く退勤しているせいで営業成績を上げることができない社員の場合である。こうした社員に対しては、特にこうすべきという客観的な規定はなくても、営業成績だけにもとづく評価はあまり好まれないであろう。

少し話が脱線するが、一つの政策をめぐって不思議なくらい肯定派と反対派で議論がかみ合わないことがある。この原因の一つは、互いの主張と批判が先の三つの概念（衡平性・均等性・

必要性）において異なるからである。例えば、生活保護は法的観点からその根拠を集約すれば、いわば必要性を重視した政策と言える。それに対して、「遊んでばかりいる、エアコン付きの部屋に住んでいるのはオカシイ」などといった意見は、相応の努力をしていないのにお金を受け取っているという衡平性にもとづく批判であり、「生活保護よりもむしろ高齢者の医療を充実したり、働く世代のために認定こども園の創設にお金を割いたりするべきだ」といった意見は、どの市民にも偏りなく予算を使うべきだといった均等性にもとづく批判である。

以上をまとめれば、資源分配の場面において衡平性・均等性・必要性のどれが重視されるかは、その時々に置かれた立場や状況、他者との関係性、その人の考え方や信念に応じてもいろいろ異なってくるということが言える。

### (3)　手続き的公正

なぜ公正さを感じるかと言えば、「（分配の）結果がよければすべてよし」というわけでもない。仮に、（衡平性にもとづき）営業成績に応じてボーナス額を決めるということになったとしても、そう決めたのは誰か、現場の営業担当からも意見を得ていたのか、きちんと話し合いがなされたのか、もし異議があったら受け付けてくれるのかといった点も知っておきたいものである。なぜなら、それらの手続きを知ることは、今回のボーナス額の配分に限らず、自分の権利や利益が担保されるのか、どう影響を受けるのか、ひいては今後どうふるまえばよいのかという問題に関わってくるからである。もし、今回のボーナス額が社長の気まぐれで決まったとわかれば、たまたま少なかった人は当然不公正だと感じやすいし、多かった人でもその嬉しさ反面、警戒心を抱くことだろう。しかしもし、皆も納得するくらいに民主的で合理的な方法で決まったとなれば、ボーナス額が少ない人でもそれなりに納得し、不公正だとは感じにくくなる。このように、分配の結果そのものよりも分配の結果を決める「手続き」は重要な公正要因である。

手続き的公正に関して、リーベンサールは以下の六つの要因を挙げている[6]。それらは、①決定が一貫していること、②偏見がないこと、③情報が正確であること、④修正が可能であること、⑤意見が反映されていること（代表性）、⑥倫理的であることである。分配の結果にいたるプロセスがこうした要因を満たしていれば、その結果を問わず公正と判断されやすい。近年では、毎日のように企業やスポーツ界などにおける不祥事が報道されている。不祥事の検証には、弁護士や学識者を含めた第三者委員会が担うことが普通だが、もしその委員会が組織によって立ち上げられたものであれば、私たちは偏見がないとは考えにくく、また情報の出どころもいぶかしいと捉えてしまい、公正だとは考えづらい（筆者の個人的な意見だが、当該組織が出資した第三者委員会は国民向けに説明責任を果たす機関としては無意味でしかないと思う）。

実験題材として裁判場面を使ったチボーとウォーカーの研究によれば、犯罪の被害者は公判で発言できる機会があることにより、その裁判を公正であると判断するようになるとの結果が報告されている。[10] これは、被告人の処遇に対して、先ほど述べた⑤の要因である意見反映が担保されているように（被害者からすれば）感じられるからである。この話は、今の日本においてもホット・トピックなので少しふれておく。わが国では、二〇〇八年一二月に被害者参加制度が導入された。この制度によって、重大事件の被害者参加人が被告人に質問したり、求刑に対して意見（論告）を述べることができるようになった。実は、制度の導入前、被害者側は意見を言うどころか、他の傍聴人と同じように抽選に受からなければ裁判を見ることさえかなわなかった。では、制度導入後どうなったか。実は、量刑の重さじたいにはさほど大きな変化はなかった。つまり、被害者参加人が何を言おうが、裁判の結果じたいは変わらなかったのである。しかしそれでも、被害者側は裁判の結果に納得するようになった。おそらく、被害者側が当該裁判に参加し、発言できることにより、手続き的公正が高まったためであると考えられる。この点について、佐伯はさらに踏み込んだ分析をし、形式的に発言の機会を与えることが本質なのではなく、「発言を聞いてもらえた」という主観的な評価こそが手続き的公正につながっていると考察されている。[9] ところでこうした主観性は、置かれた状況によっても、そのときあるべき正しさを変えてしまうことがある。次に紹介する「トロッコ問題」はまさにその典型例である。

## ３　道徳・倫理・発達学的研究

### (1)　トロッコ問題（trolley problem）

この問題、道徳や倫理に関する心理学ではよく知られた有名な研究である。ここでは、暴走したトロッコが五人の作業員をひき殺してしまうというところからスタートする。このままトロッコが進めば、確実にその先にいる五人は死ぬ（図８-１）。このとき、たまたまあなたが線路の切り替えレバーを操作できるところにいる。そのレバーで進行方向を切り替えれば五人は助かるが、切り替えた先のレール上にいる別の作業員一人が死ぬことになる。この問題では、約八割の人がレバーを切り替えようとする。つまり、五人を救うために一人を犠牲にするという選択肢をとるのである。これは、社会における効用を最大化するような判断が正しいという功利主義（utilitarianism）的な正義がはたらくからである。ここには、「多数の前に少数を犠牲にするのはやむを得ない」という正義がはたらいている。しかしその一方で、功利主義的な正義がはたらきにくい場合もある。図８-２をご覧いただきたい。こちらは、隣にいる太った男性一人

図8-1　トロッコ問題（切り替えレバー・バージョン）

を陸橋から突き落とすことでトロッコが止まり、五人の命が救われるという状況設定になっている。

こちらの場合、「五人のために一人を犠牲にする」という問題構造じたいは図8-1の場合と同じでも、太った男性を突き落とすという選択肢をとる人は相対的に少ないとの結果が数々の実験から示されている。これは、「自ら手を下す」というやり方が好まれないからである。つまり、レバーを引く程度であれば、より多くの命を救うという功利主義な行動をとることができるが、一人を蹴落としてまで犠牲にするという、行動の責任がわかりやすく自分にあるという状況では、（頭では功利主義的に行動すべきとわかっていても）実際にとる選択肢は変わってくる。このあたりの違いに、立場や状況によって変わる正義の性質があらわれている。

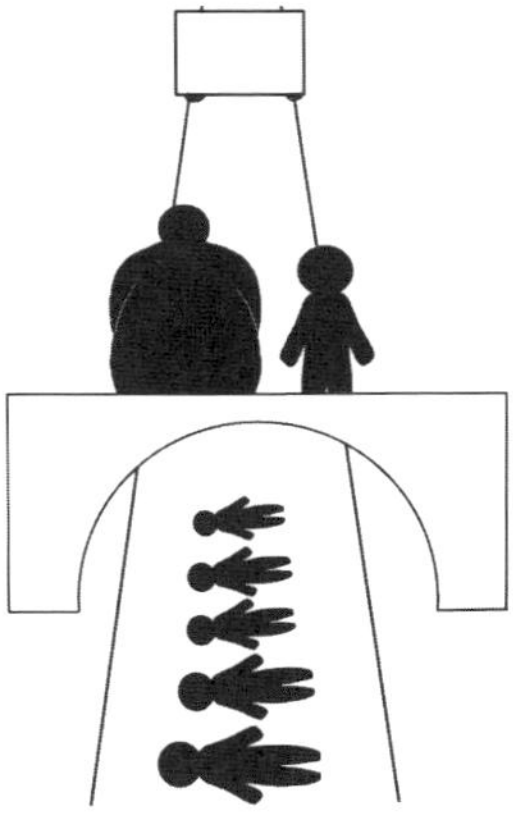

図8-2　トロッコ問題（太った男性突き落とし・バージョン）

### (2)　発達学的研究

ところで、冒頭で紹介したような「困っている人たちを助けるため、悪を退治してやる！」といった言葉に表れるような正義は、いったいいつ頃から私たちに備わるのだろうか。もっと言えば、正義という概念は、その高次性・社会性からヒトらしい性質のように思われるが、先天的に備わっているものなのであろうか、あるいは後天的に学習するものなのだろうか。私たちは、物心がついた頃には、「はなさかじいさん」、「したきりすずめ」、「かちかち山」といった勧善懲悪的なストーリーにふれ、「悪をこらしめて、めでたし、めでたし」といった結末に一種の安心感を持つ。あるいは、アンパンマンを見たり、仮面ライダーや戦隊ものに夢中になることもあるだろう。しかし、仮に子どもの頃からこうした勧善懲悪ものを見ていなかったら、大人になって正義を感じることができなくなるといった可能性はあるのだろうか。

ヒトの本質は善か悪か。古くは、孟子やルソーの主張する「性善説」と荀子やホッブスの主張する「性悪説」との議論である。後者の場合、正義はその後の発達や教育によって備わると考え、前者の場合、ヒトは生得的に優しい生物で正義はもともと備わっていると考える。このどちらが正解か、近年の発達心理学の知見をふまえるならば「性善説」に軍配が上がる。Kanakogiらの研究では、一〇ヵ月の赤ちゃんに対して次のような実験を行った。[3] 赤ちゃんが見るコンピュータスクリーン上に、●と■二つのエージェントが登場する。●は■にぶつかったり、進路の妨害をしたりして、●が■をいじめているかのような様子を見せる。こうした一連の映像を見せた後で、赤ちゃんに●と■の実物ブロックを提示し、行動を観察する。そうすると、かなりの確率で赤ちゃんはいじめられていたほうの■を手に取るのである。このことは、わずか一〇ヵ月、おそらくはつかまり立ちができるかどうかくらいの赤ちゃんであっても、「弱者をいたわる」という優しさと正義を持っているという可能性を示唆している。なお、余談ではあるが、ヒトではない霊長類、例えばボノボではその逆で、強い側すなわちいじめる側を好むという結果が示されている。(4) ボノボもヒトと同じく社会性のある種だが、この違いにヒトゆえの何か特別な性質があるのかもしれない。

## 4　刑事事件における正義

刑事事件において、被告人に対してどのような刑罰を下すべきかという判断（以下、量刑判断）は、人の正義がいかなる感情や信念に関わってくるのかという問題が特に重要になる場面で、立場や状況によって考えが交錯しやすい。筆者は主にこのテーマを専門として研究してきた。まずわかっていることは、同じ刑事事件であっても、第三者視点から見る正義は事件の様態によってかなりの違いがあるということである。ここでいう第三者とは、事件に直接巻き込まれたわけではない、お茶の間の視聴者から裁判員、裁判官までを含んでいる。つまりは、実際の被告人や被害者あるいはその親類などが除かれる。例えば、被告人は五〇代の男性で、八〇代の女性の被害者が首を絞められて殺害されたという事件が起こったとする。殺人罪は、法定刑で懲役五年以上の有期懲役刑か、無期懲役刑か、死刑に処すことが定められている。もし、被告人が被害者の財産を奪うことを目的に殺害したとしたら、第三者である読者の多くは厳刑でよいと判断するであろうし、中には死刑でもよいと考える人もいるかもしれない。しかし、被害者の女性が認知症を患っており、それを苦にした息子がやむをえず殺害したというような場合にはどうだろう。もっと寛大な刑罰であってよいと考えてしまうのではないだろうか。なお、この事件は、「京都介護殺人事件」として知られている実際のケースであり、殺人罪にしては珍しく執行猶予つきの判決が下された。

## (1)　応報的正義

刑事裁判の場面で特に重要な正義が、応報的正義（retributive justice）である。応報的正義は、哲学者カントが理論化した概念であり、ざっくり言ってしまえば「悪いことをすればその分の報いを受けるべきだ」という因果応報的な考え方である。インターネット上にある犯罪ニュースの記事を読むと、コメント欄の多くが「こんな酷いことをした被告人など死刑でよい」といった趣旨の意見が多く寄せられている。こうした意見は歴史を顧みるにごく普遍的にあるものである。古くは、「目には目を、歯には歯を」で有名なハンムラビ法典にも見受けられるし、現代でも多くの国・地域の司法において、応報的正義は人を裁く正義として明文化された法的根拠にもなっている。もともと、応報的正義はラーナーによる公正世界信念から派生した考え方とも言える。[5] 公正世界信念とは、「世の中は常に公正にできており、善い行いをすればよいことがあり、悪い行いをすればよくないことがある」といった考えである。[5] こうした公正世界信念は、私たちにとって、悪いことをしていけないという自制心の維持、他者を助けるといった向社会的行動の促進、偶然不幸があったとしても「いずれは報われるはずだ」というポジティブシンキングを支え、精神的健康を維持するためにも重要な役割を果たしている。

### (2)　命をもって償う正義

「みんな、死んだ甲斐があったな」。二〇〇九年から刊行されている『進撃の巨人』という人気漫画に、興味深いシーンが登場する。人類は、自分たちを捕食しようとする巨人の侵攻をくい止めるために、外壁に空いてしまった大きな穴を塞がなければいけないという状況に置かれている。唯一の手段は、人類の味方になった巨人が、大きな岩で穴を塞ぐことしかない。結果から言えば、その作戦は成功し、壁内にいる多くの人類が巨人による捕食から免れることができた。しかしこの場面では、味方になった巨人が岩を穴まで運ぶ過程を敵の巨人の攻撃から守るため、作戦の過程でたくさんの兵士が犠牲となる。そこで作戦を率いた隊長が最後に残したのが、先述の言葉であった。この言葉の裏には、多数の命を前に少数の命が犠牲になってもしかたがないという功利主義的な正義がある（参考、トロッコ問題）。この話を拡大解釈すると、命は数値に換算されうるということも言えそうだ。

実は、わが国の死刑判決でも、命の換算のような要因が重要な基準になっている。つい最近まで使われてきた死刑判決の基準（永山基準）には九つの項目があり、その一つが結果の重大性であった。死刑判決における結果の重大性とは、端的に言えば「殺害された被害者の数」である。通例では、三人以上の被害者を殺害した場合はほぼ死刑になり、二人までの場合は（前科がなく、情状の余地があれば）無期懲役刑などの判決になりやすかった。ただし、被告人が若くて更生可能性が高い場合、死刑は避けられる傾向があった。つまり、「被害者三人≒被告人一人×若さ」という命の換算が〝法的な正義〟であった。ところが現在では、被害者が一人でも、被告人が一八歳程度の若者であっても死刑判決が出されるようになっている。この背景には、二〇〇九年に施行された裁判員制度、応報的正義が高まりつつある世論、あるいは犯罪の残虐さを煽り立てるメディアの影響など原因は複数考えられるが、いずれにせよ司法に〝市民の正義〟が反映されやすくなったためであろう。そこには、「被告人一人」に対して「被害者三人」から「被害者一人」へと命の換算〝レート〟が変化しつつあることがうかがえる。

### (3)　死刑判断

同じ殺人事件に対して他者の意見によって死刑判断に影響が出ることはないのであろうか。日本の裁判員制度下では、殺人罪や強盗罪に問われるような重大事件の場合、裁判官三人と裁判員六人の評議によって、有罪・無罪の事実認定と量刑判断が行われる。筆者は、実際の裁判員裁判を簡略化した模擬裁判を行い、裁判官の態度が裁判員の判断にどう影響するのかを実験した。

実験では、図8-3のように、スクリーンの正面に裁判官一人、両隣に三人ずつ計六人の裁判員を配置し、スクリーン上に映される約三五分程度の裁判ビデオを全員で見てもらった。なお、裁判の内容はある被告人が怨恨と保険金目的で二人の被害者を殺害するというシナリオであった。ビデオの後、全員で二時間程度話し合い、被告人への量刑を決めてもらうという手続きを四つの評議体で行った（つまり、裁判員として参加した人数は六×四の二四人であった）。実は、この実験にはちょっとした工夫が凝らされていた。裁判官役を担当した専門家（刑事裁判に詳しい弁護士）が、〝サクラ〟だったのである。専門家には、四つの評議体のうち二つについては死刑に賛成、残り二つについては死刑に反対の態度をそれとなくとってもらうよう、あらかじめ依頼していた。それとなくと言うのも、例えば死刑賛成条件の場合、裁判員から量刑の基準を聞かれたときに「うーん…、これまでの判例を見ると、どちらかといえば死刑のほうが近いのかもしれませんねー…。」といった発言をするくらいで、裁判員にとって決して強制的にならないように気をつけてもらっていた。評議後、死刑賛成条件の二評議体では、一二人中九人（七五％）が評議後に死刑に票を投じた。一方、裁判官が死刑に反対する態度を見せた反対条件の二評議体では、一二

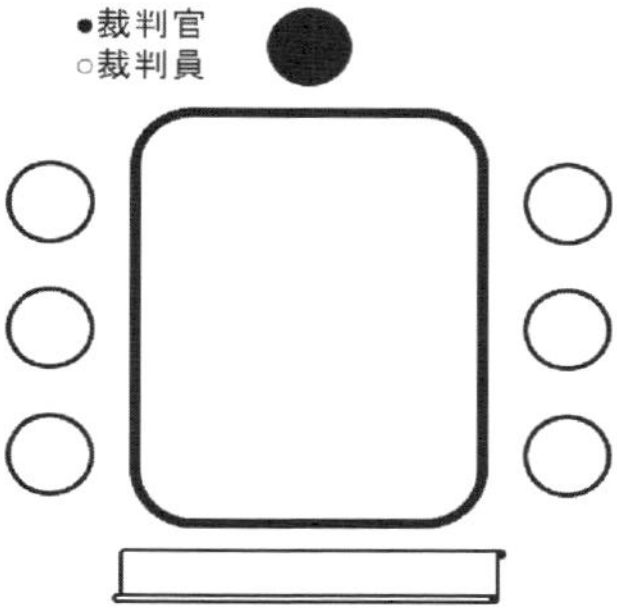


図8-3　死刑判断の実験イメージ

人中三人（二五％）しか死刑とは判断しなかった。評議体の年齢・男女構成はほぼ同じで、見せた事件も同じであったにもかかわらず、一人の裁判官役によるそれとない態度だけで、これほどまでにもはっきりと違いが出てしまうこともある。

## 5　おわりに

これまでの議論をふまえつつ、筆者自身の率直なイメージとしての正義を表現すれば、万華鏡である。筒の中にある色の断片、すなわちコンポーネントは同じだが、「どれ、貸して」と言われていったん振られてしまうとその配列は変わり、見え方が変わってしまう。また、皆とお土産屋さんでわいわい騒ぎながらのぞく万華鏡の像は美しいが、それを実際に買い、家に放りっぱなしにしていた万華鏡を掃除ついでの気まぐれでのぞいたときの美しさはしらじらしく見えるし、「もっと明るい色彩のほうを買っておけばよかった」、「青系の方が飽きにくかったかなあ」などといった印象を持つこともあるかもしれない。かくして、その像が美しいかどうかは見る人によって好みもあろうが、万華鏡ならではの規則正しい色の配列そのものは誰しもが認めるところであり、一種の普遍性もある。これまでの議論をふまえて、何をもって正義と感じるのかという最初の問いに答えるならば、「社会と自分との関係性の中である種の普遍的な〝望ましさ〟が共有されているはずだ」という意識、また、その〝望ましさ〟の実体はよくわからないにしても「自分自身はその〝望ましさ〟のために行動している」という思いではないかと考えられる。

## 引用文献


（1） Adams, J. S.（1965）. Inequity in social exchange. In L. Berkowitz（Ed.）, *Advances inexperimental social psychology*, Vol. 2. New York: Academic Press.

（2） Deutsch, M.（1975）. Equity, equality, and need: What determines which value will be used as the basis of distributive justice? *Journal of Social Issues*, 31, 137–150.

（3） Kanakogi, Y., Okumura, Y., Inoue, Y., Kitazaki, M., Itakura, S.（2013）. Rudimentary sympathy in preverbal infants: Preference for others in distress. *PLoS ONE*, 8, e65292.

（4） Krupenye, C., Hare, B.（2018）. Bonobos Prefer Individuals that Hinder Others over Those that Help. *Current Biology*, 28, 280–286.

（5） Lerner, M. J.（1980）. *The beliefin a justworld: A fundamental delusion*. New York Plenum.

（6） Leventhal, G. S.（1980）. What should be done with equity theory? Newapproaches to the study of fairness in social relationship. In K. J. Gergen, M. S. Greenberg, & R. H. Willis（Eds.）, *Social exchange: Advances intheory and research*, 27–55. New York: Plenum.

（7） Merton, R. K.（1957）. *Social Theory and Social Structure*. New York: Free Press.

（8）大渕憲一（二〇〇四）．日本人の公正観：公正は個人と社会を結ぶ絆か？　現代図書

（9）佐伯昌彦（二〇一一）．犯罪被害者の刑事裁判への参加と手続的公正の社会心理学：英米法圏での実証研究をふまえて．『法と心理』一一、七三-八二

（10）Thibaut, J. W., Walker, L.（1975）. *Procedural justice: a psychological analysis.* Hillsdale, New Jersey: Erlbaum.

## 参考図書

・藤田政博　編著（二〇一三）『法と心理学』法律文化社

法と心理学に関する日本初の本格的な教科書。つい最近まで、日本まで法の正義は「お上が決めるもの」という意識が根強くあったが、裁判員制度を皮切りにそのイメージが変化しつつある。この本は、法の正義に特化した内容ではないが、一部そのルーツに言及している章があり、参考になると思う。

・山岸俊男（二〇〇〇）『社会的ジレンマ』ＰＨＰ研究所

正義というテーマからは少し離れているが、集団の中での個々人のふるまいをいろいろな研究にもとづいて説明した書。サブタイトルにあるように、環境破壊やいじめといった行動にいたるヒトの心理をわかりやすく説明している。内容的には面白いが、読み進めていくと、知らないほうがよいようなヒトの本質に気づいてしまうので、ページを開くには少し勇気が必要である。

・リチャード・H・スミス（二〇一八）（澤田匡人訳）『シャーデンフロイデ　人の不幸を喜ぶ私たちの闇』

他者が不幸になるとなぜか嬉しい気持ちになるという現象が「シャーデンフロイデ」である。ヒトは正義を標榜しつつも、その本質はややねじ曲がっているのかもしれないという気づきになる。

# 第3部

# 地球規模で感じる

# 第9章　国を感じる

鈴木　彩加

## 1　はじめに

人は何らかの集団に所属している。家族や学校・会社・部活動やサークル・趣味のクラブ・スポーツチーム・地域社会などが例として挙げられるだろう。集団にはさまざまな性質のものがある。家族や学校のクラス・部活動・サークルのような、そこに属している人の顔と名前が一致する小さなものから、学校や会社、地域社会のような大きなものまである。また、「私は○○高校の生徒だ」と言うようにその集団に正式に所属している場合もあれば、「私は○○県の出身だ」と言うように、現在はその県に住んでいなくても帰属しているという意識を強く持つような場合もある。

人が作ってきたさまざまな集団の中で一番大きいものが「国」である。普段生活しているときには、「国」に所属していると意識することはあまりないかもしれない。もちろん、理論上は「国」よりも大きな集団や共同体を考えることもできる。例えば「アジア」「ヨーロッパ」「アフリカ」といった「国」よりもさらに大きな単位である地域や、それらをさらに広げた「地球市民」といった概念もある。しかし、現代の日本社会で生活していく上で、私たちにとって身近でかつ最大の集団は「国」であるといってよいだろう。

この章では、私たちがあまりにも「当たり前」と思っているために認識していないような、この「国に属している」という感覚、つまり「国を感じる」ことの不思議さを取り上げてみたい。自分がある「国」に属している、あるいは自分はある「国」の「国民」であるという感覚は、「ナショナリズム」と呼ばれている。現代の日本社会で見られるナショナリズムに関連した事象や現象と社会学の理論を往復することで、人々が「国に属している」という感覚を抱くことの面白さを再発見することができるだろう。

以下、第二節では、「国に属している」という感覚を覚える具体的な現象を例示したのち、ナショナリズムに関する理論研究を概説する。第三節では、一九九〇年代以降の日本社会でよく耳にするようになった「右傾化」とナショナリズムについて取り上げる。特にその例として、私がこれまで調査してきたある市民団体の事例を紹介する。第四節では、「愛国心」などの「強いナショナリズム」が現在日本で見られるようになった背景について、社会学の研究が明らかにしてきた知見を述べる。

## 2 「国」を感じるとはどういうことか

### (1) 日常生活の中のナショナリズム

現代は「グローバル化」と言われる時代であり、「外国」と接する機会が増加している。中でも訪日外国人の増加は、私たちにとって日常生活の中で「外国」を実感する機会になっている。図9-1は、日本政府観光局（JNTO）が公表している、日本を訪れた外国人客数の推移である。統計が取られるようになった一九六四年から訪日外国人数は微増しているが、一九九〇年代から徐々に増加幅が大きくなり、二〇一二年から急増していることがわかる。二〇一七年に日本を訪れた外国人客を国・地域別で見ると、多い順に中国・韓国・台湾・香港となっており、アジア圏からの訪日客が大半を占めている。

メディアにおいても、「日本」「日本人」といった言葉をタイトルに含むテレビ番組が数多く放送されている。『世界の村で発見！こんなところに日本人』（テレビ朝日系列、二〇一三年放送開始）、『YOUは何しに日本へ？』（テレビ東京系列、二〇一三年放送開始）、『世界が驚いたニッポン！スゴ～イデスネ!!視察団』（テレビ朝日系列、二〇一四年放送開始）などがその例として挙げ

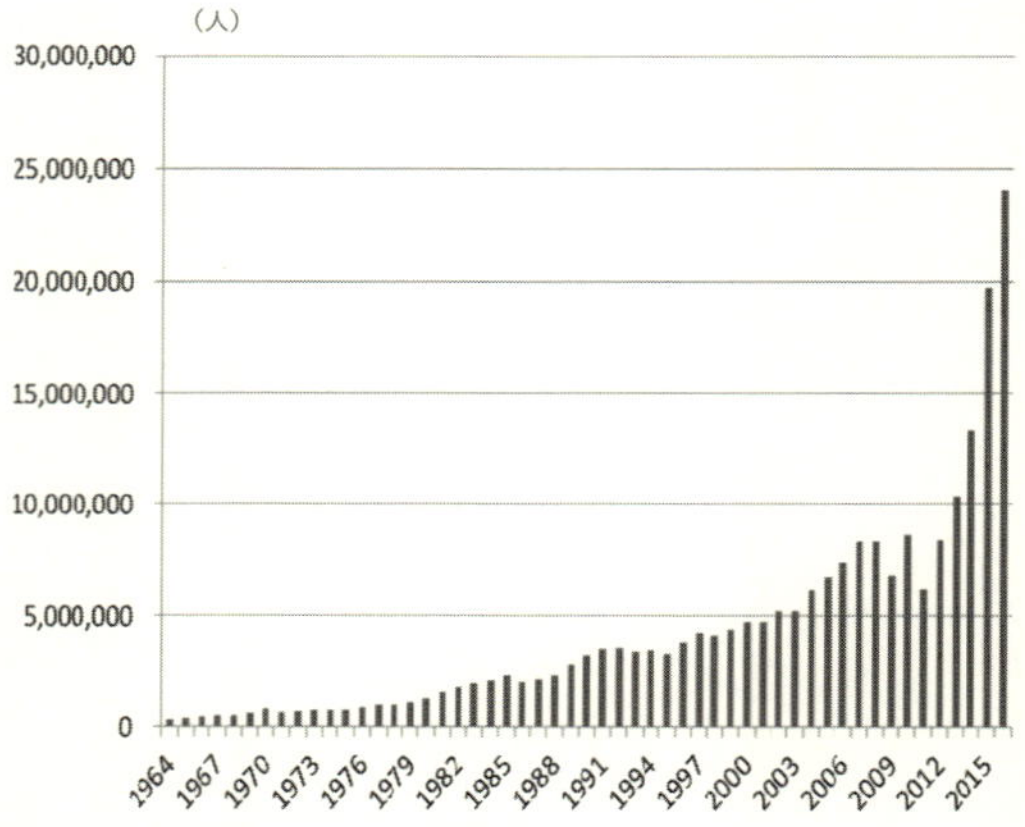


**図9-1　年別訪日外客数の推移**
（日本政府観光局「年別 訪日外客数、出国日本人数の推移（1964－2016年）」より作成）

られる。いずれの番組も、訪日外国人数が急増した時期に放送開始となっており、海外から自分たちの国である「日本」や「日本人」がどのように見られているかが人々で関心事になっていることがうかがわれる。

もっと身近な例を考えてみると、日常生活の中でも「日本」や「日本人」を意識する場面は実はいくつもある。例えば、食料品や車・家電などの工業製品は日本製の方がなんとなく安心するという人も少なくないだろう。緑茶やお米・お味噌汁が美味しいとき、春に川沿いに咲いた桜並木を見てきれいだなと思うとき、神社やお寺・田園風景などに懐かしさを感じるとき、「日本人でよかった」と思ったことがある人もいるだろう。こうした感覚を抱いたことがないという人も、「国」とは無関係ではない。この本は「日本語」で書かれており、それを今あなたは読んでいるわけだが、日本語の読み書きを習う教科は「国」語である。「国」は私たちの普段の生活から遠く離れたところにあるようでいて、さりげなく日常生活の中に溶け込んでいるのだ。

しかし、ここで少し立ち止まって考えてみると、「自分がある国に属している」「自分はどこそこの国の国民だ」という感覚は不思議にも思える。スポーツの世界大会・国際試合を例に考えてみよう。「日本人」が国際的な活躍をした際、「同じ日本人として誇りに思う」という言い方をすることがある。この「同じ日本人」であることと、あたかも自分のことのように「誇りに思う」感情は必ずしもつながっている訳ではない。国際的に活躍したその人を直接知っているような人、例えば家族や友人・職場の人・近所の人などが喜ぶのはわかる。また、そのスポーツのファンの人や、活躍した選手を熱心に応援してきた人が喜ぶのもわかる。しかし、特にオリンピックやサッカー・野球・フィギュアスケートなどの国際試合や世界大会はテレビ中継されることもあって、普段はスポーツに興味のない人も視聴する。そうした人々は国際的に活躍した人をそのときにはじめて知る場合も少なくはない。ある日突然その存在を知った人の活躍を、「同じ日本人」であるというだけで自分のことのように喜べるのはなぜだろうか。

また、「国」に関して人々の喜怒哀楽の感情を刺激するのは、「土地」の場合でも同じようなことが言える。「国」は単なる人々の集合体ではなく、固有の土地＝領土を持っている。国と国の間には国境線が引かれているが、その国境をめぐって争うのが領土問題である。日本もまたロシアとの間に北方領土問題があり、韓国とは竹島の、中国とは尖閣諸島の帰属をめぐって争っている。特に竹島や尖閣諸島問題に関しては、韓国や中国の人が上陸した、漁船や戦闘機が近づいたといったことが頻繁に生じており、その度に「日本」の人々は憤る。しかし、多くの人は竹島や尖閣諸島へ行ったことがなく、自分の土地ではないにもかかわらず、なぜ自分のことのように怒ったり、緊張感を覚えたりするのだろうか。

## (2)　ナショナリズム論

「同じ日本人」という理由で面識のない人に共感したり、「日本」の土地を侵犯されることに激しい怒りを覚えたりするなど、人々にこうした感情を生起させているのが「ナショナリズム（nationalism）」である。ナショナリズムとは、「ネーションおよびそれと等価な概念（国名等）の価値を奉じる言論および実践の集合」と定義される。[7] ネーション（nation）とは、「国民」や「民族」と訳されることが多いが、「国民」と「民族」は必ずしも一致するものではない。アメリカを「多民族国家」と言うことがあるが、こうした国ではさまざまな「民族」が一つの「国民」を形成している。ネーションという言葉をあえて定義するならば、「文化や歴史の記憶を共有し、特定の領域への権限を主張する集団」と言えるだろう。[7] つまり、文化や歴史を共有し、ある一定の土地を占有する正統性を持つ集団や、国名のようにそれと等しいものに価値を見出す言論や行為を、ナショナリズムと言うのである。

ナショナリズムを研究しているのが、「ナショナリズム論」である。ナショナリズム論にはさまざまな理論が存在しており、大きく二つに分類される。第一に「近代主義」と呼ばれる理論的立場がある。この立場は、人々が「国」を認識したり、ネーションという感覚を持ったりするようになったのは、近代以降のことだと考える。私たちが今生きている社会の仕組みの多くは、近代に作られた。水道・鉄道などのインフラ、公衆衛生、法制度、軍隊、工場、学校などが例として挙げられる。もちろん、「国」が今のような形になったのも近代のことだ。日本の場合、明治時代から近代が始まるとされている。

「近代主義」の立場をとる代表的な論者として、B・アンダーソンとE・ゲルナーの二人の説を簡単に紹介しよう。まず、アンダーソンはネーションという感覚が人々の間で作られるようになった要因として、「新聞」を重視する。(1) 現代の私たちは、日々生じる出来事や事件をテレビやラジオ、インターネットなどを通して知るが、それよりも前の時代、人々に情報を届ける主な媒体は新聞だった。アンダーソンによれば、人々は同じ内容の新聞を、遠く離れた場所にいる面識のない大勢の人たちも毎日同じように読んでいると想像することで、ネーションという意識を持つようになったと言う。加えて、新聞にはある一定の空間の中で、その日に生じた事柄を掲載するという特徴がある。例えば、東京で行われた政治の動き、大阪の産業界の傾向、北海道の気候の予測など、新聞にはさまざまな場所、さまざまな分野の記事が一緒に掲載されている。それぞれの記事や出来事は互いに無関係でも、新聞という媒体にまとめられることで、読者は「日本」という一つの空間をイメージするようになるのである。そのため、アンダーソンはネーションのことを「想像された共同体」という言葉で表現している。

他方で、ゲルナーは「産業化」を重視する。[2] 前近代は身分制社会であり、貴族の子は貴族、農民の子は農民というように、身分や職業を自分で選ぶことはなかった。それが近代になると、人にはみな人権が備わっており、平等であるという考え方が浸透するようになった。産業も発展し、人々は生まれにかかわらず自分で職業を選択することが可能になった。職業や社会階層間を人々が頻繁に移動するようになった時代に、社会を統一する原理として現れたのがナショナリズムであるとゲルナーは考える。

ナショナリズム論の第二の理論的立場は、「反近代主義」である。この立場は先に述べた「近代主義」への批判として登場した。もっとも、「反近代主義」にもさまざまな説があるが、共通しているのはネーションの発生を近代以前に求める点である。[7]「反近代主義」の立場は、ナショナリズムに関する人々の主観や感情を重視する。日本を例に考えてみよう。「近代主義」の立場にたつならば、人々が「日本」「日本人」という感覚を抱くようになったのは明治時代以降のことになる。しかし、私たちは「日本」という国、あるいは「日本人」という国民／民族の起源を、それよりもさかのぼって考えようとする。お米やお茶、畳、着物、能や歌舞伎といった「日本文化」「伝統文化」と現在考えられているものは、必ずしも明治時代になってから作られたものではない。このように、ネーションの起源を近代以前に求めようとする感情を重視するのが、「反近代主義」と呼ばれる理論的立場である。

「反近代主義」の代表的な論者として、A・スミスの説を紹介しよう。[8] スミスの説は「エスノシンボリズム」と呼ばれる。スミスはネーションの起源は近代以前にあるとし、その起源を「エトニー（ethnie）」と名づけた。しかし、スミスは、ネーションとナショナリズムが近代以降に立ち上がってきたとする「近代主義」の考えをすべて否定しているわけではない。近代になって、ネーションやナショナリズムが構築される際に、人々は「エトニー」を共有されるべき歴史や文化的シンボルとして常に解釈し直していくのだとするのが、スミスの考えである。

スミスの理論にもとづけば、「エトニー」の再解釈という現象は今日の日本社会でも見られる。例えば、サッカーの女子日本代表チームは「なでしこＪＡＰＡＮ」という愛称で呼ばれている。「なでしこ」は花の名前であるとともに、「大和撫子」のように「日本」女性の清楚さや謙虚さといった「美徳」を表す言葉として使われてきた。身体的接触を伴うスポーツと「謙虚さ」を意味する「なでしこ」という言葉は、言葉の本来の意味合いとは相容れない側面があると考えられる。しかし、そうした齟齬を感じさせないように「なでしこ」という言葉は再解釈されて用いられていると言えるだろう。

## 3　右傾化現象とナショナリズム

### (1)　九〇年代以降の日本社会に見られる変化

ナショナリズムは人々の意識や感情に強く訴えかけるため、ときには特定の人々を排除する方向へと作用することもある。一九九〇年代以降の日本社会は、まさしくナショナリズムのそうした力が働いている。図9-2は、NHK放送文化研究所が一九七三年から実施している「日本人の意識」調査から、「国への自信」について尋ねた回答の推移をまとめたものである。[4]「日本は一流国だ」「日本人は、他の国民に比べて、きわめてすぐれた素質をもっている」という意見に対して「そう思う」という回答と、「今でも日本は、外国から見習うべきことが多い」という意見に対して「そうは思わない」という回答の割合の推移を示している。「日本人はすぐれた素質をもっている」に対して「そう思う」と答えた人の割合は、いずれの時期でも過半数を超えているものの、一九八三年を境に下降し、二〇〇八年から再び上昇していることがわかる。

意識調査の上では人々が「日本人であること」に自信を失いかけていたまさにその時期に、「愛国心」を掲げる市民団体が相次いで結成され、活発に活動するようになった。「愛国心」を掲げる団体、と言うといわゆる「右翼」団体を連想する人も少なくはないかもしれない。日の丸や旭日旗、菊紋などが描かれた黒塗りの大きな車にスピーカーを載せ、軍歌を流して演説しながら町中を走行する、というのが「右翼」の一般的なイメージだろう。

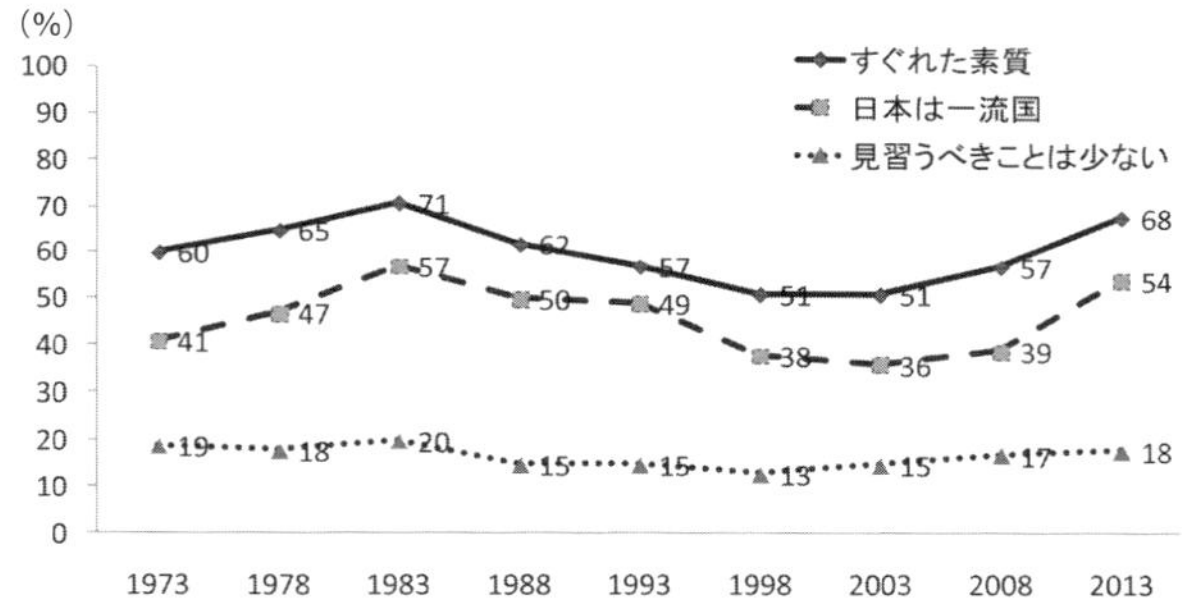


**図9-2　日本に対する自信の推移**
（NHK 放送文化研究所編（引用文献４）より）

しかし、九〇年代にあらわれた「愛国心」を掲げる市民団体というのは、こうした「右翼」のイメージとは異なる。言うなれば、環境運動や平和運動など、私たちが「社会運動」という言葉で連想する市民団体の〝ナショナリズム強化版〟とでも言えるものだった。そして、その活動に参加しているのは「普通」の人だった。男性も女性も、大学生も高齢者も、働いている人や主婦をしている人もいた。「普通」そうに見える人達が「愛国心」を掲げ、「日本」や「日本人」といった概念に訴えかける活動を展開したことは、社会的にも学術的にも衝撃を与えた。

そのような団体の中でも代表的な例として度々言及されてきたのが、「新しい歴史教科書つくる会」（以下、「つくる会」と表記）である。[6] 一九九七年に結成されたこの会は、独自の中学校歴史・公民教科書を作り、それを全国の中学校で採択されることを目的としている。「つくる会」の教科書は従来の歴史・公民教科書とは大きく異なっている。特に歴史教科書については、アジア太平洋戦争時の日本のアジア諸国に対する侵略行為を肯定的に記述し、南京大虐殺や従軍「慰安婦」制度といった事実は無かったとする立場をとる。こうした、特に近現代史の記述に関しては歴史学の研究者を中心に批判の声が上がっている。「つくる会」の教科書の採択率は高いとは言えない。二〇〇一年時は歴史教科書が〇・〇三九%、公民教科書が〇・一%であった。二〇〇五年には微増するものの、それでも歴史教科書が〇・三九%、公民教科書は〇・一九%であった。[10] しかし、この数字をもって「つくる会」の活動が失敗に終わったと判断することはできない。「つくる会」がこの時期に示した歴史観・歴史認識はその後、「愛国心」を唱える人々に受け継がれていったためである。

### (2)　対韓・対中感情の悪化と「行動する保守」

二〇〇〇年代後半頃から、韓国や中国に対する人々の意識が急速に悪化するようになった。図9-3および図9-4は、内閣府が毎年実施している「外交に関する世論調査」の中から、「韓国/中国に親しみを感じるか」という質問への回答の推移をそれぞれ示したものである。図9-3の「韓国に対する親近感」の変化を見てみると、九〇年代半ばまでは「親しみを感じない」という回答の方が多いものの、二〇〇〇年代になると「親しみを感じる」という回答が増加している。しかし、二〇一〇年代に入ると再び「親しみを感じない」とする回答が急増し、「親しみを感じる」を上回るようになっている。二〇〇〇年代に韓国への親近感が急速に高まったのは、いわゆる「韓流ブーム」の影響が考えられる。韓国で製作されたテレビドラマがこの時期日本でも放送され人気を博した。そうした文化的背景のもとで、韓国に対する「日本」の人々の意識にプラスの変化が見られるようになったのだろう。他方で、図9-4の「中国に対する親近感」の変化はよりわかりやすい。一九七〇年代以降「親しみを感じる」という回答の方が多い状態が続いていたが、九〇年代半ばから二〇〇〇年代はじめにかけて「親しみを感じる」「親しみを感じない」それぞれの回答の割合が拮抗するようになり、二〇〇〇年代半ば以降は「親しみを感じない」とする回答が多数を占めていく。

　こうした、世論の対韓・対中感情が悪化していく時期に、先に見

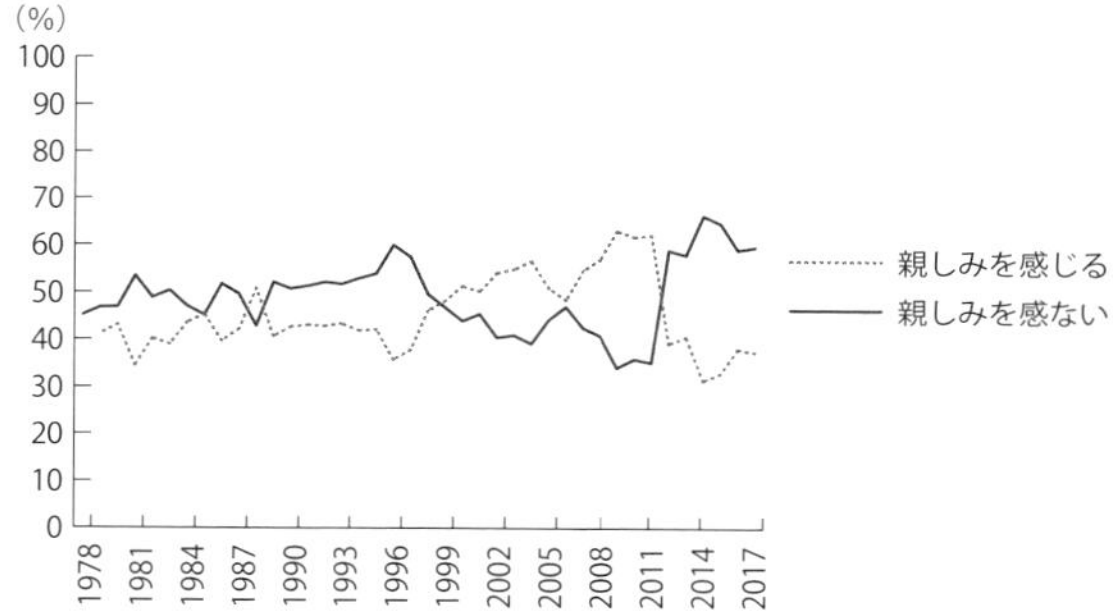


図9-3　韓国に対する親近感の推移

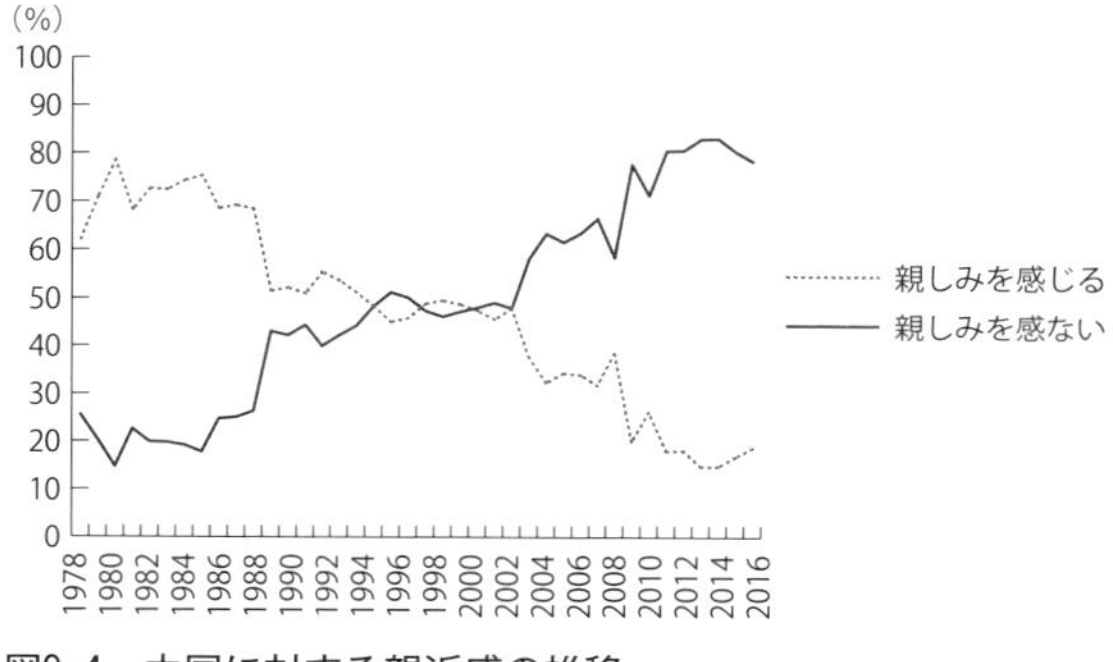


図9-4　中国に対する親近感の推移

た「つくる会」の歴史認識をふまえながらより過激化した市民団体が登場するようになった。「行動する保守」と呼ばれる複数の小さな市民グループである。中でもよく知られているのが「在日特権を許さない市民の会」(以下、「在特会」と表記)である。「在特会」は二〇〇七年に結成されて以来、在日コリアンの人々が多い地区で街頭演説やデモ行進を行い、その中で民族差別発言を繰り返してきた[12]。差別意識を剥き出しにしたその活動に対して、「カウンター」と呼ばれる民族差別に反対する人々が抗議行動を行うようになり、また、人種差別や民族差別を扇動する「ヘイト・スピーチ」という言葉が日本社会に浸透し、「在特会」の活動は問題視されるようになった。そのため、「在特会」が実施する街頭演説やデモ行進の回数や参加者数は徐々に減少してきており、ヘイト・スピーチの対策に乗り出す地方自治体も出てきている。「行動する保守」に連なるグループの中には、女性が中心になって活動しているグループもある。私はそうした女性中心の「行動する保守」団体を対象にした調査を行ってきた。以下では、調査を実施したグループを仮にA会として、A会にどのような人々が集まり、どういったやり取りを参加者たちが行っているのかを見てみたい。

A会は二〇〇九年に結成されたグループで、会員数は公表されているデータによれば約八〇〇名である。正会員になれるのは女性のみで、男性は準会員となる。会員の年齢層は公開されていないが、調査を通しての印象では参加頻度の高い会員は五〇代以上のようだった。A会は東京都内で主に活動しているが、大阪などにも支部がある。A会は、「在特会」や他の「行動する保守」グループと同様に、在日コリアンや中国・韓国・北朝鮮に対して敵対的な立場をとっている。活動内容は、街頭演説やデモ行進・抗議活動の他に、署名活動や講演会なども行っている。

表9-1　料理教室の献立一覧

| 調査日 | メニュー |
|---|---|
| 4月18日 | つくねのねぎ焼き・こんにゃくの炒めもの・根三つ葉のきんぴら・筍ご飯・わかめのすまし汁・いちごのゼリー |
| 6月22日 | ビーフンの台湾風炒め・夏野菜のサラダ・夏のさっぱりちらし寿司・夏野菜の煮物・バナナケーキ |
| 10月17日 | 豚ひき肉の甘酢あんかけ・グルテン入り俵煮・きのこのかぼす和え・かやくご飯・とろろ昆布と三つ葉のすまし汁・デザート |

私は街頭演説やデモ行進・抗議活動といった「外側」から見える活動ではなく、「外側」からは見えないような活動の場において調査を行った。A会は二〇一一年に発生した東日本大震災以降、被災地の復興支援を目的として東北産の食材を使った料理教室を開いている。調査を行ったのは、この料理教室である。調査期間は二〇一四年から二〇一五年までであった。料理教室は一ヵ月から二ヵ月に一度のペースで実施されている。参加者は平均二〇名ほどで、男女比は女性が七割と多数を占める。

A会の料理教室は、週末の午後に東京都内にある公共施設の調理室を借りて実施されている。参加者たちはみなエプロンと三角巾を身につけて、調理室に集まる。進行役は「先生」と呼ばれる女性が務めている。開始時間になり参加者たちが揃うと、「先生」からその日に作る献立のレシピが配られる。レシピには材料と手順の説明に加えて、日の丸の絵が描かれており、「私の好きな国、日本」という文字も印刷されている。表9-1は、私が調査を行った回で作った献立の一覧である。「筍」や「夏野菜」「きのこ」といった旬の素材を使った複数の料理を毎回作る。「先生」から調理手順や注意事項についての説明が終わると、参加者たちは三〜四人のグループに分かれて、それぞれのグループで誰が何を担当するか相談しながら、順次調理を始める。男性も女性も一緒に料理を作る。夕方頃になるとだいたいどこのグループも料理が出来上がり、そのまま席について懇親会となり、作った料理を食べながら談笑する。東北復興支援のボランティアに行ってきたという人が東北の地酒を差し入れたり、自宅でたくさん取れた「むかご」を持ってきてくれる人もいた。懇親会の終盤になると、全体で自己紹介をする。このとき、参加者たちは自己紹介に加えて、最近関心を持っていることや政治や時事問題で疑問に思っていることを話す。ときにはそうした話題提供をもとに、全員が参加するディスカッションへと発展していくこともある。

A会は、街頭演説やデモ行進といった「外向き」の活動では激しい怒りを示すが、それとは対照的に、「内向き」の活動である料理教室の雰囲気は非常に明るく、参加者たちは楽しそうに過ごしている。料理教室の雰囲気が明るいのは、参加者たちがその時々に話題になっているニュースや事件などを、冗談を交えながら頻繁に話し合っているためだ。そして興味深いことに、参加者たちの雑談や冗談は、「日本」や「日本人」といったナショナリズムを土台としていた。

例として、実際に話されていたやり取りを見てみよう。A会の会長とBさん（女性、四〇代）、Cさん（女性、七〇代）、筆者の四人で同じグループになったときのことである。BさんとCさんはこれまであまり関わる機会がなかったのか、調理中もほとんど話をしていなかった。そんなBさんとCさんがはじめて会話をしたのが、「パプリカの産地」についてであった。以下は、「つくねのねぎ焼き」に添えるパプリカのソテーを作っていたときのBさんとCさんの会話である。

Bさん「パプリカも最近は韓国産ばっかり」
Cさん「日本で作れないんですかねぇ」

スーパーマーケットで販売されているパプリカの多くが「韓国」産であることを嫌悪するBさんに対して、Cさんは共感を示している。A会に集う人々は、基本的に韓国に対しては敵対的である。そうした共通の政治意識の上に、BさんとCさんの会話は成立しており、二人の交流を促すことにつながっている。

他方で、仲がよくいつも一緒にいるDさんとEさん（ともに女性、五〇代）の間には次のようなやり取りが見られた。一〇月に実施された料理教室では、DさんとEさんが珍しく遅れてやってきた。「先生」の説明が始まっていたので二人はそっと調理室に入り、椅子にすわるとDさんが黒地にピンクの桜の花の模様がプリントされた三角巾をかぶり始めた。それを見たEさんは、

「それいいですね」と話しかけた。するとＤさんは「百均で購入したの。秋だけどね」と微笑みながら答えた。Ｅさんが Ｄさんの三角巾を褒めたのは、そのデザインが素敵だからという理由だけでなく、桜柄だったからである。桜は「日本」や「愛国心」を示すシンボルであるという知識がＡ会の参加者には共有されているからこそ、Ｄさんは桜柄の三角巾を選んで持参してきたのだろう。Ｅさんはそうした Ｄさんの意図もふまえて「それいいですね」と話しかけている。そして、桜は春の花であるにもかかわらず、季節外れの秋にその三角巾を身につけることを、Ｄさんは笑い話としてＥさんに返しているのである。

## ４　新たなナショナリズムの時代

ナショナリズムと強く結びついた市民活動はなぜ登場するようになったのだろうか。こうした市民活動を研究している社会学の中では、以下の二つの説が唱えられている。第一に、人々の間で増大した「不安」がナショナリズムへと結びつくとする説である。一九九〇年代という時代は、世界的に見ても大きな変化があった。冷戦体制が崩壊したことでグローバリゼーションが進み、日本もそうしたうねりに巻き込まれていった。日本の場合、経済不況の長いトンネルに突入し、企業は経費削減のために非正規雇用で人を雇うようになった。国際的な経済競争の激化、人やモノのボーダレスな移動、そして不安定雇用の増加などの要因が絡まり合い、人々の間で「不安」が高まり、そうした「不安」を忘れるために「日本」や「日本人」に自分を重ね合わせるようになったと考えられている。[6]

第二に、国際関係の変化も指摘されている。一九世紀以降、アジアには「帝国」（＝日本）と「植民地」（＝朝鮮半島・中国）が同じ地域に存在していた（植民地政策には、原住者の言語や慣習および自治権を認める間接統治型と、本国で使われている言語や慣習を使用させ自治権を認めない同化主義型という二つの方針がある。日本では主に後者の方針がとられた）[5]。戦後、日本が「帝国」時代に「植民地」だった国々に対して行った行為の精算が十分に果たされていないまま、一九九〇年代になるとかつて「植民地」だった国々が経済的・政治的・社会的に発展していき、かつての「帝国」と対等なプレイヤーになっている。こうした、日本と東アジア諸国との歴史関係を土台とした敵対感情が「日本」のナショナリズムを増幅させているという「東アジアの地政学的構造」をその要因とする説もある[3]。

「日本」や「日本人」といった概念を持ち出して近隣諸国およびその国々にルーツがある人々を敵視・蔑視する傾向は、前節で取り上げたような一部の人々だけに見られるわけではない。インターネット空間にはそうした言説が日常的にあふれており、書店には「日本」や「日本人」の優越性を説く書物が数多く並べられている。こうした現代のナショナリズムは、ネーションやナショナリズムという感覚が形成された当時のものとは異なる。ネーションやナショナリズムは国民や国家を新たに築いていくために動員されたものであった。これに対して、現代の日本社会で見られるナショナリズムは、すでに国民も国家も存在しているにもかかわらず、誰が国民かを再定義しようとする意味で「奇妙なナショナリズム」とも言われている。(11)

もちろん、ナショナリズムに関する新しい動向は日本だけに見られるものではない。先に見た社会の流動性による生活の不安定さから人々がナショナリズムに結びつくという現象は、日本だけでなく中国や韓国でも同様に見られるということも指摘されている。(9) また、国民の範囲を狭めていくナショナリズムとは逆のベクトルとして、既存の国家を超えていくナショナリズムも今日では見られる。地域共同体をめざすEUがその例として挙げられるだろう。他方で、ヨーロッパでは難民の受け入れに反対する「極右」と呼ばれる政党や政治活動の動きも、それと並行して活発化している。現代の国際社会では、国民を再定義して狭めようとするナショナリズムと、国家を超えるナショナリズムという一見すると相反する二つの傾向が見られるのである。

## 5　おわりに

ナショナリズムは「良い」か「悪い」かという物差しだけで測ることができないものだと私は考える。本章で多くの具体例を挙げたように、私たちの生活も、自分という存在自体も何らかの形でナショナリズムの影響を受けており、そこから外れることは困難である。もちろん、ナショナリズムを掲げることによって、身体や精神に危害が生じたり、社会から排除されたり、抑圧や差別を受けている人々がいることは事実である。より多くの人々が包摂され、平等に扱われる社会を実現するためにはどのような取り組みが必要かを考え、それを実践することの重要性は言うまでもない。

他方で、「良い」か「悪い」か、「白」か「黒」かという二分法的な発想では見落としてしまうもの、説明できないものもたくさんある。社会は私たちが思っている以上に複雑な仕組み、複雑なやり取りから成り立っている。そうした社会の複雑性を見つめ、「なぜ」そうなっているのか、「どのように」なっているのかを考え、解釈していくところに社会学の面白さはある。そして、そうした思考の中から新しい時代を作る想像力も立ち現れてくるのではないだろうか。

### 引用文献

（1）アンダーソン・B（二〇〇七）（白石隆・白石さや訳）『想像の共同体――ナショナリズムの起源と流行』書籍工房早山
（2）ゲルナー・E（二〇〇〇）（加藤節訳）『民族とナショナリズム』岩波書店
（3）樋口直人（二〇一四）『日本型排外主義――在特会・外国人参政権・東アジア地政学』名古屋大学出

版会
（4）NHK放送文化研究所編（二〇一五）．『現代日本人の意識構造［第8版］』NHK出版
（5）小熊英二（一九九八）．『〈日本人〉の境界――沖縄・アイヌ・台湾・朝鮮植民地支配から復帰運動まで』新曜社
（6）小熊英二・上野陽子（二〇〇三）．『〈癒し〉のナショナリズム』慶應義塾大学出版会
（7）佐藤成基（二〇〇九）．ナショナリズムの理論史．大澤真幸・姜尚中（編）『ナショナリズム論・入門』四〇-六二　有斐閣
（8）スミス・A（一九九九）．（巣山靖司・高城和義訳）『ネイションとエスニシティ――歴史社会学的考察』名古屋大学出版会
（9）高原基彰（二〇〇六）．『不安型ナショナリズムの時代――日韓中のネット世代が憎しみ合う本当の理由』洋泉社
（10）俵義文（二〇〇八）．『〈つくる会〉分裂と歴史偽造の深層――正念場の歴史教科書問題』花伝社
（11）山崎望（二〇一五）．奇妙なナショナリズム？　山崎望（編）『奇妙なナショナリズムの時代――排外主義に抗して』一-二八　岩波書店
（12）安田浩一（二〇一二）．『ネットと愛国――在特会の「闇」を追いかけて』講談社

# 参考図書

・塩川伸明（二〇〇八）『民族とネイション――ナショナリズムという難問』岩波書店

ネーションやナショナリズムについての理論から歴史、国際比較まで幅広く網羅し体系的に論じられている。新書なので入手しやすく、ナショナリズム論に関心がある人は一読してみるとよいだろう。

・上野千鶴子（二〇〇六）『生き延びるための思想――ジェンダー平等の罠』岩波書店

本章ではあまり触れられなかったが、国家と女性の間には緊張関係が伴う。本書は女性兵士問題、「慰安婦」問題などを扱っており、ジェンダーの観点からナショナリズムを考える際に示唆に富む。

・北原みのり・朴順梨（二〇一四）『奥さまは愛国』河出書房新書

本章で扱ったA会のような、ナショナリズムを掲げた女性活動家をフェミニズムの立場から取り上げたルポルタージュである。女性達の活動の様子がより具体的にイメージできるだろう。読み物としても面白い。

# 第10章　異文化を感じる

孫　美幸

## 1　はじめに

グローバリゼーションが進み、国境を越える人の流れは激しさを増すばかりである。異文化背景を持つ人々と日常生活で接することも珍しい時代ではない。そのような中で、異文化理解を促す教育の役割は大きい。本章では、ハワイ島プナ地区のリトリートセンター（日常の暮らしから遠ざかり、セミナー等に参加しながら身心のリフレッシュをはかる施設）において実施されているプログラムを例に挙げ、この施設を訪れる人々がハワイ先住民の知恵をどのように体感し、学んだのかを紹介する。それを通して、五感を使って異文化を体感することについて考えてみよう。

まずは、ハワイ島プナ地区について簡単に紹介しよう。ハワイ島プナ地区は、ハワイ島南東部にあたり、火山活動の激しい、地質学的に最も新しい場所である。[8] キラウェア火山にも近いことから、火山の女神ペレやその妹ヒイアカなど、女神たちにまつわる神話、伝説、フラ（ハワイ語でハワイ先住民族に伝わる舞踊とその音楽等を指す）の詠唱等が数多く残されており、神々に縁のある場所も多い。そのような土地に、持続可能な暮らしや新しいライフスタイルを求めて世界中から人々が訪れる。エコヴィレッジやヨガなどのボディワークを行う施設などが数多く点在するユニークな地域である。

私はそのようなコミュニティに点在する施設の一つであるリトリートセンターに研究の一環として通っていた（二〇一八年キラウェアの噴火で流れた溶岩の影響でプナ地区には立ち入り禁止区域があり、この施設も含まれている）。この施設は、二〇〇六年よりハワイ島の自然や伝統的な「文化」を体感するプログラムや、ハワイのマッサージ手法であるロミロミを学ぶクラスなどを開催してきた。現在は日本人女性二人が運営を担っている。現地のクムといわれるハワイ人の師匠たちから直接伝統的な「文化」を学び、ハワイの神話と関連の深い場所をめぐるような体験プログラムを実施してきた。本章で述べるリトリートプログラムも、そのような地域特性のもとで実施されてきた、この施設の定番プログラムの一つであると言える。

## 2 「文化」と「身体」

五感を使って異文化を体感するプログラムの内容を紹介する前に、まずは「文化」やそれを感じる「身体」との関係についての基本的な考え方を見てみよう。「文化」とは、一定の集団や社会の同一性を前提とした純粋なものではなく、漂流し、土着し、変化する雑種的なものである。[4] また、「身体」とは、体を物のように客体として扱うのではなく、今自分が何を感じ、何をしたいのか、主体的にありのままの感覚を捉える媒体である。[6]

### (1)「文化本質主義」

異文化背景を持つ人々への差別や排除の問題を考えるとき、「文化本質主義」をどう乗り越えるかという問題が必ず出てくる。「文化本質主義」とは、「文化」を境界が閉じられたものとして、静的、固定的に捉える考え方である。比較文化論やフランス研究で多くの著書がある西川長夫は、「国民形成に際してあらゆる差異と差別がつくりだされた」ことと、「文化」が無縁ではないことを述べる。[4] つまり、「文化本質主義」は、多様な「文化」の混じり合いといったミックスカルチャーの人々の声をかき消し、異文化背景を持つマイノリティ（少数者）の「文化」に対して支配を固めていこうとする権力性の問題を常に抱えている。このような「文化本質主義」の考え方から、「文化」が本来持っている流動性、雑種性に着目して、差別と排除の構造を乗り越えようとする研究が進んできた[5]。「文化」とは、「受容」と「変容」を続けるものであって、「自己変革」を伴うもの、つまり、「自-他の変容」が異文化交流に大切なのである[4]。

## (2)「制度化された身体」

異文化交流には、多様な「文化」を受容する柔軟性やそれを通した自己変容が大切である。それでは、それを受け入れる自分の「身体」との関係をどのように考えればよいだろうか。現代社会における差別や排除は、多様な人々との平和的な関係づくりを阻む人間の「身体」の問題と深く関連している。そのうちの一つが、権力システムに服従し、服従することによって権力システムを支持するという「制度化された身体」の問題である。

社会学者の栗原彬は、一九九五年に起きた地下鉄サリン事件の現場に居合わせた作家辺見庸の小説を取り上げ、三通りの「制度化された身体」に言及している。第一は「元気な通勤者」。大方の通勤者たちは、人が倒れ苦しんでいても、役所や会社に遅れないことを優先させた。第二は、「ボランティア」。もちろん全員にあてはまるものではない。「ボランティア」の中でも、「制度化された身体」によって他者に強いるものを発散している人のことである。辺見は彼らの言動を「嫌な感じ」と言及する。人が逃れようもなく従ってしまう命令の言葉や強制的な音頭取り。他の「身体」に強いる権力作用が垣間見えるのだ。第三は、オウム真理教の教徒たち。彼らは、教主の命令や意思の忠実な執行者として、教団というシステムの歯車として、サリンを散布した。システム内の「模範的な勤め人」であった。「模範的な勤め人」という点で、第一の「元気な通勤者」と第三のオウム真理教の教徒たちとは大差がないのではないかと、栗原は語る(3)。

辺見が言及した一瞬の「嫌な感じ」。この感覚を日常の中で持つことができるか。それが、他者への無関心、排除や差別、強制的に大きなシステムに取り込まれていくことに抵抗する、基本的な身体感覚である。上記にあげた三つの「制度化された身体」、そのうちのどれにも私たちはあてはまる。決して特殊な人の話ではないのである。

### (3)　五感を大切にして「文化」を学ぶ

現代社会において私たちが容易に陥ってしまう「制度化された身体」を解き放ち、多様な「文化」を柔軟に受け入れ、変容する自己と他者を肯定する道筋の一つとして挙げられるのが、五感を大切にした学びである。

例えば、地域に根づいた「文化」、ことわざのような伝来の知恵の中には、五感を大切にした暮らしの重要性を説くものがある。ブータンで環境をテーマにしたプロジェクトを実行する活動家のペマ・ギャルポ氏は、日本社会を旅する中で、携帯電話に釘付けになる人々を見て、「携帯が現れる前は、耳も目ももっと安らかで、口も鼻も幸せだったのではないか。（中略）それが、きっかけとなって、かつてご先祖さまたちが、何を見て、何を聞き、何を嗅いでいたかを思い出すことになりますように」と語った。仏教国であるブータンには「幸せの五つの扉」という言葉があり、「足、手、口、目、耳」を「扉」と比喩して、「感じる、味わう、見る、聴く」など、五感を使って世界を体感する大切さを伝えている。(7)

毎日が忙しく日常のコミュニケーションさえSNSなどの「視覚」が圧倒的に優位になっている現代社会では、五感を使って世界を感じる機会を持つことはなかなか難しい。そこで、上記のような世界各地域で伝えられてきた「文化」の知恵を、五感を使ってたっぷりと体感し、自分の「制度化された身体」を感じなおし、変容する自己への気づきにつながる「文化」の学びのプロセスが重要となってくる。このような学びを継続することで、自己のありのままの「身体」に気づくことができるようになる。自分の体を物のように客体として扱う感覚から、自分が本来持っていた今現在を感じる主体的な「身体」へ。そのような感覚が、柔軟に多様な「文化」を受け入れ、他者への差別や排除の問題を乗り越える姿勢や身振りにつながっていく。例えば、ある人が目の前で倒れている他者にさっと手を差し出す、それをまた異なる他者が支える、伝える、見守るなど、多様な人々のありのままの「身体」が発動し、響き合うとき、本当の社会の変化につながっていくのである。

## ３　「ハワイ島の自然に暮らすリトリート
## ――ハワイの伝統植物と薬草」プログラムの実際

プナはハワイ語で「泉」という意味で、この地区には活発な火山活動により海の側で温かい地下水の湧き出しているエリア（ウォームポンド）やカポホ湾の潮溜まり（ワイオパエ）などがある。そのような豊かな自然に囲まれたカポホの丘の上に、私が通っていた施設はある。そこでの滞在を中心に、二〇一六年一一月一八〜二三日まで「ハワイ島の自然に暮らすリトリート〜ハワイの伝統植物と薬草」は実施された。リトリートを主催している女性二人がナビゲーターとなり、私を含む日本からの参加者六名が同じ場所で共同生活を送った。参加者は二〇代〜四〇代の女性で、日本各地からやってきていた。ハワイの伝統植物や薬草を学ぶことは、「ハワイ文化」の伝承にとって特別な意味を持つ。それは、ハワイの「文化」と植物の結びつきが非常に強いことと関連している。それでは、プログラムの実際を詳しく見ていこう。

### (1)　伝統植物を体感する――飲む、食べる、編む、料理する

この施設の周りにある庭には、ハワイの伝統植物をはじめ、さまざまな植物が植えられている。滞在中は毎日伝統植物を体感する時間があった。例えば、二日目夕方には、ハワイ人の「文化」や生活には欠かせない植物（ティ（キー）、ククイ、ウルなど）に実際に触れたり、匂いをか

図10-1　庭にあるウルの実

いだりして過ごした（図10－1）。また、庭にある果実、レモン、オレンジ、スターフルーツ、ノニの収穫も行った。三日目の夕方には、庭のティの葉を収穫し、レイを編むワークを行った。ティは「ハワイ文化」の中でもとても神聖な植物であり、ティでつくったレイは「神のレイ」と呼ばれてきた。ハワイの宗教的な伝統儀式や、「カヒコ」とよばれる古典フラの衣装にも使用される。レイは二本編み、一つは自分に、もう一本はキラウェアに暮らす女神ペレに捧げるものとした。四日目には、プナ地区に暮らしている日本人女性たちとの交流会があり、伝統的なハワイの健康茶である「マーマキティ」や、ハワイの人々から「天の水」と呼ばれている「ココナッツウォーター」を全員で味わった。ウルを蒸し焼きにしたものや、カロにココナッツミルクと黒糖を加えて蒸したおやつの「クロロ」も味わった。また、滞在中は参加者が交代でペアをつくり夕飯の調理を担当した。その際によく使用されたのが、庭に生えているホノホノである。ホノホノは日本のツユクサにあたるが、繁殖力が強く食べてもおいしい。連日ホノホノは参加者の手によって、いろいろな料理に変化した。

## (2) 伝統植物の世話をし、その薬効を実感する

滞在中、雨の影響もあり、本格的に庭仕事をスタートしたのは三日目からであった。レイづくりをする前に、庭に生えているティを整える作業を行った（図10-2）。古くなった葉をはぐ、枯葉を集める、雑草を抜くという作業をそれぞれが静かに行った。四日目の午前中には、薬として多用されてきたノニの薬効を体感する時間があった。独特の匂いがある熟れたノニの実を収穫し、それをオリーブオイルで一ヵ月半ほど漬け込んだものを、「ノニオイル」として利用しフットスクラブ（クリームやジェル等を使った足の肌の角質ケア）を行った。主催者の説明では、「ロミロミのクムがインスピレーションを得てつくったオイル」と同じ方法でつくっているということであった。また、フットスクラブをすることにも「ハワイの考え方で、足から悪いものがぬけていく」ということからヒントを得た実践ということであった。

図10-2　庭のティを整える

伝統植物を直接世話し、庭の手入れを行うことは、自分自身を正しく整えるという意味の「ポノ」の状態にすることとも深いつながりがあった。からみあったつるや強固な雑草を抜くことで「なんだか気持ちがすっきりし

た」と話した参加者もいた。また、五日目には、野豚が掘り起こしてデコボコになった庭の土を、参加者が手でやさしく整えるという作業も行った。主催者からは、「荒れた土をもとに戻すことで、自分の内面の荒れをどう直すかとか、野豚たちとどう共生するかとか何か感じてもらえれば」という説明があった。

### (3) ハワイ島の神話や伝説に関わる場所を訪れる ――大自然の中にある植物とのつながり

図10-3　海で静かに過ごす時間

プナ地区にはハワイの女神たちの神話や伝説と関わりの深い場所が多く、そのような自然に根付いた「文化」を一緒に体感できる時間が毎日あった。特に海で過ごす時間はとても大切にされていた。例えば、三日目の午後は、溶岩が流れた後に冷えてできた黒い岸壁にそれぞれが座ったり、ゆっくりと歩いたりして、何千キロも先からくる風や世界各国とつながっている海を感じるという時間を持った（図10-3）。海はハワイの人々には特別な場所である。ハワイでは「海での浄化を通して体調、精神、心理的な苦痛を手放す」ことが大切にされていることも語られた。また、五日目の夕方からは、女神ペレが今も暮らしていると信じられているキラウェア火山のハレマウマウ火口を訪れた。そこでは、参加者がそれぞれ創ったティのレイを捧げる時間があった。ハワイのクムたちからの教え「この瞬間ここにいることに感謝しなさい」という意味も込められていた。例えば、キラウェア火山のような神聖な場所は、パワースポットと商業的にとりざたされ、パワーを受け取るツアーのように短絡的に利用されたりする。そうではなく、「良い思い、レイのような手づくりのもの、歌や踊りなど、何かをそこに残すことで、この場所へ来ることを可能にしてくれた人（ご先祖）たちに感謝する」ということを、主催者が説明してくれた。「自分に残るものとその場所に残るもの」のバランスをとるという考え方は、ハワイで伝統的に大切にされてきた自然への畏敬の念、それに感謝して過ごしてきたハワイの人々の生き方とも言えるだろう。

### (4)　ハワイアンの身心調整法——「ポノ（正しい状態）」でいること

プログラムでは、初日の晩から最終日まで、主催者、プログラムの協力者や地域住民、参加者の思いを共有する時間が多くとってあった。例えば、二日目の午前中は、プログラムのオリエンテーションと位置づけられ、主催者からのこのリトリートへの思いを共有した後、参加者一人ひとりがこのリトリートに参加しようと思ったきっかけや今の思い、最近心にひっかかっていることなどを語り合った。特に長い時間話したのは、最近参加者それぞれが感じていた日本社会の状況であった。東京で毎日多数の人々が行き交う駅の案内窓口で働いている参加者は、「駅で毎日人身事故のニュースが入るが、それを聞いて電車が遅れることに舌打ちをする人がいて、時間の流れが速く攻撃的な人がいる」ことを話した。

そのようなお互いの気持ちをゆっくりと語り合い共有することで、改めてこのプログラムに参加するまでの自分の生き方、参加している中での気づき、変化している自分の気持ち、今後の生き方に対する決意などを、自分自身に語りなおすことにつながっていった。これは、ハワイの伝統的なヒーリングの考え方として、「自分のまわりの世界は自分の内面の反映である」ということにもとづいていると言える。自分の本質にあっていることが「ポノ」の状態であり、そうすることで心も体もどんどん楽になっていくという思いがプログラムの中には織り込まれていた。

### (5)　伝統的な「文化」を通してミックスカルチャーを感じる

プログラムの中で主催者が紹介してくれたハワイ人のクムから学んだことや伝統的なハワイの考え方の中には、「文化」の流動性や多様性を感じさせるものが含まれていた。例えば、四日目の午前中に行った「ノニオイル」を使ったフットスクラブであるが、その「ノニオイル」は、「ロミロミのクムがインスピレーションを得てつくった」ものであった。ハワイ人のクムがタヒチ滞在中に骨折した患者に、同行した別のクムがノニを使用したことから、腫れがひいていき治っていく経験があり、それにインスピレーションを得てノニを使ったオイルを思いついた。ハワイ島にある植物を普通に考えれば一緒に合わすのはココナッツオイルが自然なのだが、クムがノニオイルをつくり始めるときに、キリスト教を信仰していることもあり、「どのオイルを使いましょう?」と聖書にたずねたところ、聖書の中でオリーブオイルが出てきたので、大切なオイルと思い、オリーブオイルを使用することにしたということであった。主催者はクムからその方法を教わり、ノニとオリーブオイルを混ぜ合わせた「ノニオイル」をリトリート中参加者に紹介した。一八二〇年にプロテスタントの宣教師が来てから、一八四〇年までにはハワイ王国は名実ともにキリスト教国となった(8)。現在ハワイの「文化」を伝える立場にあるクムたちもその影響を受けており、このプログラムでは伝統的なハワイの考え方にキリスト教の要素を加えたような形で伝えられている。

そして、主催者自身も、ハワイの伝統的な「文化」をベースにしながら、自分の考えや解釈を加えて説明することがあった。例えば、二日目夕方に庭の植物の説明をしたときには、バナナについて「バナナは親の木が枯れる頃、となりに子どもの苗が二本ほど出ている。そうやって世代交代をして子孫を残す。そんなバナナに自分のエゴはないのかなと思うときがある。自分が子どもで子どもが自分の一部のよう」と語ることがあった。伝統植物としてのバナナは、地面の穴に食材を埋めて調理する「イム」と呼ばれる伝統調理で、食材を包んだり覆ったりするのに用いられたり、昔は黄色に熟したバナナを女性は食べることができないという「カプ（規則)」があったりした。[2] そのような伝統的な「文化」の説明を一部しながらも、自分がハワイ島の暮らしの中で発見したことや、新たな考え、解釈を加えた説明がされていた。

## 4　ハワイ先住民の知恵をどのように体感し、学んだのか

本節では、前節までに述べたプログラムを経て、参加者にどのような気持ちの変化があったのかを、プログラム中に発言した内容を手がかりにして考察する。

参加者は二〇代から四〇代の女性たちであった。Aさん、Bさん、Cさん、Dさんの四名がハワイ島へ来た経験が何度もある人で、初めてなのはEさんのみであった。ただ、初めて来たEさんもハワイ島西海岸にあるコナから一人旅で東側のヒロまで来ており、ハワイ島での経験は比較的豊かな人たちが集まったと言える。全員ハワイ島の自然や「文化」への興味、関心は高いが、ハワイ島の植物や薬草を学びたいと直接言及したのは、Aさん、Bさん、Dさんの三名であった。AさんとBさんは、この施設に何度か足を運んでいる人たちであった。また、このプログラムに参加したきっかけとして、BさんやCさんのように「日本での仕事や生活の疲れ」を挙げる人がおり、Eさんも仕事について「市民からのクレームなど精神的にきつい部分がある」ことを言及していた。その後、日本社会について全員から「日本の人は疲れている」

「時間の流れが速い」「攻撃的な人がいる」など意見を出し合った。それは、現在の日本社会の中の「制度化された身体」に対する「嫌な感じ」を、参加者たちが共有した場面であったと言える。

プログラム終了間際の参加者へのインタビューでは、プログラムを経てそれぞれに多様な気づきがあったことが共通していた。「新しいチャレンジをしようと思った」Aさん、「元々音楽が好きだった自分に気がついた」Bさん、「シンプルに生きることの大切さ」を語ったCさん、「ハワイ島に暮らすのに必要な目線」を得たDさん、「行きたい道にエネルギーをしっかり向けること」を語ったEさんと、参加者それぞれがにこやかに力強く語っていた。Eさんの言葉通り、「学んだというよりも、自分が以前から気になっていたことを実感できた」ということである。参加者によっては、Bさんのように無意識であったかもしれないが、結果として全員が本来自分が大切にしたいと思っていたことに気づいたと語っていた。また、参加者全員が重視した感覚が、「実際に感じる」ということであった。参加者らの言葉にも、「触れ合う」「感じる」「体感する」などが続いた。そして、このプログラムのテーマである「ハワイの伝統植物や薬草」を学んだことについて、直接言及したのはDさん一人だった。Dさんは直接体感した「ハワイの伝統植物や薬草」についての学びを、今後自分が主催するリトリート等にも応用したいことを語ったが、他の参加者は「ハワイの伝統植物や薬草」という限定したテーマよりも、「ハワイ島の自然」というより大きな設定を通して自らの生き方への気づきを得たことを語っていた。

## 5　五感を使って異文化を体感することの意味

### (1)　「文化」の個別性と普遍性を往還しながら自分の人生への気づきを得る

初めてハワイ島を訪れた参加者のEさんは、プログラム終了間際のインタビューで「ハワイの考え方は、日本と近いな。日本と似ているから過ごしやすいのかな」と話していた。このような感想は、ハワイに短期間訪れた人たちからでもよく言われることである。主催者も、日本とハワイの類似性について「クムは、日本人は素晴らしいとよく言っていた。現在表面的には西洋的かもしれないけれど、自然との一体感や全てのいのちを育む感覚は、日本もハワイも根本的に大きく変わらないと思う」と述べていた。

しかし、参加者の最後の感想に共通したのは、日本とハワイの「文化」の類似性よりも、より大きな自然観を通して、本来自分がやりたかったことへの気づきにつながったことであった。それは、主催者がこのプラグラムを企画した際に意図したこと、「「ハワイの伝統的な薬草」という一つのテーマを窓口にして、より自然環境や地球のことを考えてほしい」という思いがプログラムに通底していたことが大きいと考える。このようなプログラムの企画には、クムからの「どのドアをあけても行き着くところは変わらない。ネイティブハワイアンでも、何人でも、ご縁のあるところから入っていけば同じところで出会えるのでは?」という言葉が背景にあった。

　上記のように、ハワイの伝統的な植物や薬草という「文化」の個別性を窓口にして、より普遍的な理解、例えば、地球規模で起こっている環境問題やより大きな自然観などと往還しながら学ぶことは、グローバル教育の研究者であるD・セルビーが、多文化教育や平和教育など、各領域研究の包括性をどのように見ればよいかという指摘の際に使用する「ホログラフ（立体写真）」という考え方に通じている。セルビーは、「ホログラフは、レーザー技術によってつくられた三次元「写真」であり、その特徴は部分情報が全体情報を含んでいること。例えば、顔のホログラフが壊れても、顔の一部である鼻のホログラフから再構成できる。同様に、各領域の「○○教育」のうちのどの一つについての包括的な理解は、すべての他の「○○教育」にいきつくということ」[1]を示した。このように、参加者たちは「ハワイの伝統的な植物や薬草」といった切り取られた一分野を学んだわけではなく、その背景にあるハワイアンが古代から受け継いできた「文化」や考え方、そして、より大きな地球的課題としての環境などの普遍的な理解とを往還しながら学んでいった。

　上記のような「文化」の個別性と普遍性を往還するプロセスを経て、参加者一人ひとりが最後に述べた本来自分がやりたかったことへの気づきは、ハワイ島の豊かな自然の中で六日間という時間を過ごし、自然環境を基本にした学びを体の内からも外からもじっくり感じて行ったことと関連している。そして、さまざまな「文化」体験を通して変容する自己を認識する最初のステップであったと言えるであろう。

## (2)「文化」の多様性と流動性を捉えなおして「文化本質主義」を乗り越える

今回のプログラムでは、クムと言われるハワイアンの人々から直接講義やワークショップを受けるのではなく、全て主催者が講師とコーディネーターを務める形で進められた。これについて、主催者へのインタビューで、最近のプログラムの傾向として、「ハワイと日本をつなぐこと、日本の方々にクムたちがお元気なうちに直接つなげることを大切にしてきたが、ご病気等で世代交代がおこっており、今まで自分がクムたちから学んできたことを伝えるスタイルに変わってきた。また、ロミロミのクムから「伝えていきなさい」と背中を押された」ことも大きいと語っていた。これまで多様なプログラムに関わってくれたクムたちも主催者の実施しているプログラムの主旨を理解してくれていると言う。また、地域在住の女性たちから主催者のプログラムに対する意見も、同様に深い理解にもとづいていた。例えば、今回のプログラムの協力者の友人は、プログラム前日のインタビューで、「二人はきちんとハワイを伝える仕事をしている。商売感覚ではなく、ハワイへのリスペクトを伝える姿勢がある。ハワイの人たちやスピリットから役目を与えられていると思う。私にはできないが、このようなプログラムに関われる自分はラッキーだと思う」と語ってくれた。また、伝統的なハワイアンの知を伝えていくことについて、「(伝えていく人が)どこの国の人であれ、伝統を絶やさないことが大事」と主催者お二人の存在を大切にしていることが語られた。また、別の協力者である友人もプログラム直前のインタビューで、「日本人やハワイ人の枠をこえて(主催者二人が)活動することがハワイの土地から認められている存在」と述べていた。

上記のことから、現在がハワイ人だけの伝統的な「文化」ではなく、グローバリゼーションの影響で他の文化圏の人々の手に渡り、伝え、受けとめられていく、流動的な状況であることを示している。日本を見渡してもフラの教室は全国にあり、日本人のフラの先生も多い。しかし、ハワイアンのクムや、現地の人々、日本からの参加者の信頼も得て活動している二人のような存在はまだまだ稀だと言わざるを得ない。それは、楽園ハワイへの観光地主義と商業主義が蔓延する中で、伝統的なハワイアンの「文化」、自然、聖地等は、全てそのツールとなってしまいがちだからだ。日本という違う文化圏の人がハワイの伝統的な知を共有し、それを伝えていく際には、消費の対象としての「文化」になる可能性を常に内包する。それでもなお、伝えていくことに価値を見出すとすれば、それは「新しい「文化」の創造」にあると、私は考える。つまり、ハワイの伝統的な「文化」を、多様性と流動性をキーワードに捉えなおしながら、新たな「文化」を一人ひとりが創っていくということである。

プログラムの中には、ハワイアンのクムがタヒチでのインスピレーションを得て、キリスト教文化と融合した形でつくられた「ノニオイル」のワークショップ等、ハワイの伝統的な「文化」の上に新たな要素や解釈を加えたものが紹介された。参加者たちも、庭の野菜や薬草を使った料理をつくるときには、日本、韓国、東南アジア系のものなど、自分自身の「文化」背景や、これまで訪れた国での料理など、多様な料理にアレンジして創作した。このように、プログラム実施中は常にハワイの伝統的な「文化」を柔軟に捉えなおしながら、現代の自分たちが新たに再創造していく過程を繰り返していたと言える。

滞在中参加者からは、日本での仕事や生活がひどく疲れるといった声が出ており、人間関係が円滑でなく攻撃的な人たちの存在もつぶやかれた。参加者一人ひとりが語った日本社会での「制度化された身体」への「嫌な感じ」は、ハワイ島の先住民の「文化」を体感して学ぶ中で、それに抵抗する自分の「身体」の微妙な感覚を他者と共有できるようになったと言える。グローバルな資本主義経済システムを背景にして、社会における少数者へのあからさまな攻撃が目につくようになった昨今、このような排除構造をどう乗り越えるかというヒントは、一人ひとりが多様性と流動性の中で「文化」を再創造していく過程にある。つまり、「制度化された身体」を解き放ち、「文化」を再創造し、変容する自己を受け入れることが、「文化本質主義」を乗り越えることにつながる。自然と人、人同士の分断を乗り越えるヒントを、先住民の知を伝えていく学びの中で見つけることができるのである。

## 6　おわりに

この章では、異文化理解を促す教育プログラムの事例として、ハワイ先住民の知恵を体感するプログラムを取り上げた。そして、それを通して、五感を使って異文化を感じることについて考えた。異文化背景を持つ人たちの差別につながる「文化本質主義」、現代社会に蔓延する「制度化された身体」という問題、そしてそれを乗り越える五感を大切にした「文化」の学びについて理解が深まったのなら幸いである。

本章で取り上げたプログラムの参加者たちは「ハワイの伝統的な植物や薬草」といった切り取られた一分野だけではなく、その背景にあるハワイアンが受け継いできた「文化」や考え方、そして、より大きな地球的課題としての環境などの普遍的な理解とを往還しながら学んでいった。また、ハワイの伝統的な「文化」を、多様性と流動性という視点から捉えなおし、個別に新たな「文化」を再創造していったことも明らかになった。

現代社会は「視覚」ばかりが先行する社会である。そのような偏った身体感覚の日常の中で、私たちは容易に自分の「身体」の知を忘れ、権力システムに追従する「制度化された身体」に慣れてしまう。そして、そのような「身体」は、差別や排除の問題と強固に結びついている。

ブータンの「幸せの五つの扉」という言葉を紹介したが、読者のみなさんにはこの「五つの扉」を通して世界をじっくり味わい、「制度化された身体」を打ち破っていく契機をぜひ大切にしてほしい。そして、本章のプログラムの主催者や参加者のように、多様な「文化」の個別性と普遍性を往還して学びながら、一人ひとりが新しく再創造していく過程を楽しむ時間を持って頂ければと願う。ハワイに限らず、身近な場所でも多様な「文化」の学びは可能である。「身体」が発する感覚を大事にしながら、多様な「文化」を柔軟に受け入れ、変容する自己と他者を肯定すること、それが多様な文化背景を持つ人々だけでなく、全ての人々が生きやすい社会へと確実に変化する近道となるのである。

## 引用文献

（1）浅野誠・セルビー・D（編）（二〇〇二）．『グローバル教育からの提案』日本評論社
（2）近藤純夫（二〇一二）．『フラの花100　ハワイで出会う祈りの植物』平凡社
（3）栗原彬・佐藤学（二〇〇〇）．身体をめぐる断章．栗原彬・小森陽一・佐藤学・吉見俊哉（編）『越境する知　身体：よみがえる』一－一三　東京大学出版会
（4）西川長夫（二〇〇一）．『増補国境の越え方　国民国家論序説』平凡社
（5）戴エイカ（一九九九）．『多文化主義とディアスポラ――Voices from San Francisco』明石書店
（6）竹内敏晴（一九九九）．『教師のためのからだとことば考』筑摩書房
（7）辻信一（二〇一六）．『よきことはカタツムリのように』春秋社
（8）山本真鳥・山田亨（編著）（二〇一三）．『エリア・スタディーズ114　ハワイを知るための60章』明石書店

## 参考図書

・西川長夫（二〇〇一）『増補国境の越え方　国民国家論序説』平凡社

「文明」や「文化」概念の詳細な歴史的検証を通して、国民国家の枠の中で成り立つ「異文化理解」や「多文化主義」ではなく、「文化」を常に変化し移動する動的なものとして一人ひとりが捉えなおしていくことの可能性を描き出している。

・アマルティア・セン（二〇一一）（大門毅監訳・東郷えりか訳）『アイデンティティと暴力　運命は幻想である』勁草書房

個人が帰属する集団または属性と同化すること（アイデンティティ）は、多面的・複層的な概念であり、個人が理性により選び抜く自由がある。それが民族対立や紛争の扇動に惑わされずにいることにつながると述べる。

・辻信一（二〇一三）『英国シューマッハー校　サティシュ先生の最高の人生をつくる授業』講談社

シューマッハーの思想やガンディーの精神を継承する、持続可能な社会づくりに必要な学びを共にする学校。この大学での学びに参加した日本の学生たちの変化が描かれている。自己変容から社会変革への道筋を考えさせられる一冊。

# 第11章　音楽を感じる

千葉　泉

## 1　はじめに

「サンバランドー！　サンバランドー！」私がギターで刻むダイナミックなリズムに合わせ、百数十名の学生たちの大合唱が教室中に響き渡る。黒人奴隷制の歴史を批判する南米チリの歌だ。大学の授業で私が音楽を活用するのは、音楽の持つポジティブな力、すなわち「人と人とをつなげる力」を確信しているからである。

共生学は、「民族、宗教、ジェンダー、病気・障がいなど、さまざまな違いを有する人々が、それぞれのアイデンティティを認め合い、対等な関係を築きながら、ともに生きる」ことを目指す学問である。共生の課題に関して現状を分析する「サイエンス」、現状を認識した上で好ましい共生の理想像を提示する「フィロソフィー」、そして理想を実現するための方法・技法としての「アート」が、共生学を構成する三つの支柱となっている。

共生社会論は、そのような社会の構築という課題に対して、理論・実践の両面から取り組む研究分野である。本章のテーマである「音楽」は、狭い意味での「芸能」だけでなく、社会実践的な技法、すなわち共生を実現するための「アート」として位置づけることができる。

私の場合、自分のアイデンティティーの中核を構成する「音楽」という手段が、さまざまな人々の心をつなぐことによって、共生社会の構築という目的に実践的な形で寄与しうる、という手ごたえを幾度となく感じてきた。本章はその手ごたえを伝えることを目的としている。

米国の脳神経科学者・音楽家であるレヴィンティンは、人類が進化する過程で、「ともに歌う」という行為が、集団の秩序を維持するために重要な役割を果たしていたことを指摘している。(5) 人類の原初の時代から、音楽は社会的な絆を育む手段として利用されてきたのである。

現代では録音技術の進歩に伴い、生演奏だけでなく、ＣＤや電子ファイルを用いることで、生活のあらゆる場面に音楽が浸透している。音楽そのものを楽しむことはもちろん、映画やＣＭの背景音楽、あるいはさまざまな施設の環境音楽として音楽が流されたり、患者や高齢者の治療に音楽を用いる音楽療法など、さまざまな目的で音楽が活用されている。

本章では、音楽の持つ多様な機能のうちの結束的機能、つまり「人と人をつなげる力」に注目し、実際の社会的場面に関わる事例をコンテクストも含めて記述する。具体的には、南米チリで私自身が経験した三つの場面、すなわちスラム地区の音楽会、農村での学術調査、そして国際協力分野に関わる事例や、現在、私が日本の大学で行っている授業の例から、民族や社会的な立場、属性の違いを超え、さまざまな場面で人と人とをつなぐコミュニケーション・ツールとして、共生の実現において音楽が果たしうる役割や可能性を示唆する。

## 2　南米チリで歌い、現地の人とつながる

筆者がギターを始めたきっかけは、中学生のときに聴いたビートルズだった。音楽が外国に興味を持つきっかけとなり、その後大学院に進学し、ラテンアメリカの地域研究を続けていた私は、あるとき知人が貸してくれたレコードで耳にした、ラテンアメリカの音楽に心を奪われてしまい、独学で練習を始め、ギターの弾き語りで演奏するようになった。

このように研究のかたわら、単に趣味でやっていた音楽が、何かの役に立つことに気づいたのは、南米のチリに留学したときのことだった。以下、私がチリで経験した二つの場面に関する事例を見てみよう。

## (1) スラム地区の音楽会「ペーニャ」

今から三十数年前、二つ目の大学院に通っていた私が初めてチリに留学した一九八七年～八八年のことである。

当時、軍事政権下にあったチリでは、さまざまな形で人権侵害が起こる一方、厳格に実施された新自由主義的経済政策の影響で、長期にわたる不況が続いていた。中でも深刻な状況に置かれていたのが、都市の周辺部に広がる「ポブラシオン」という地区に住む貧困層の人々だった。外部者のポブラシオンに対するイメージは、強盗、殺傷沙汰、シンナー中毒、暴力的な反政府活動など、きわめてネガティブなもので、私は多くの人から「ポブラシオンには近づくな」というアドバイスを受けていた。

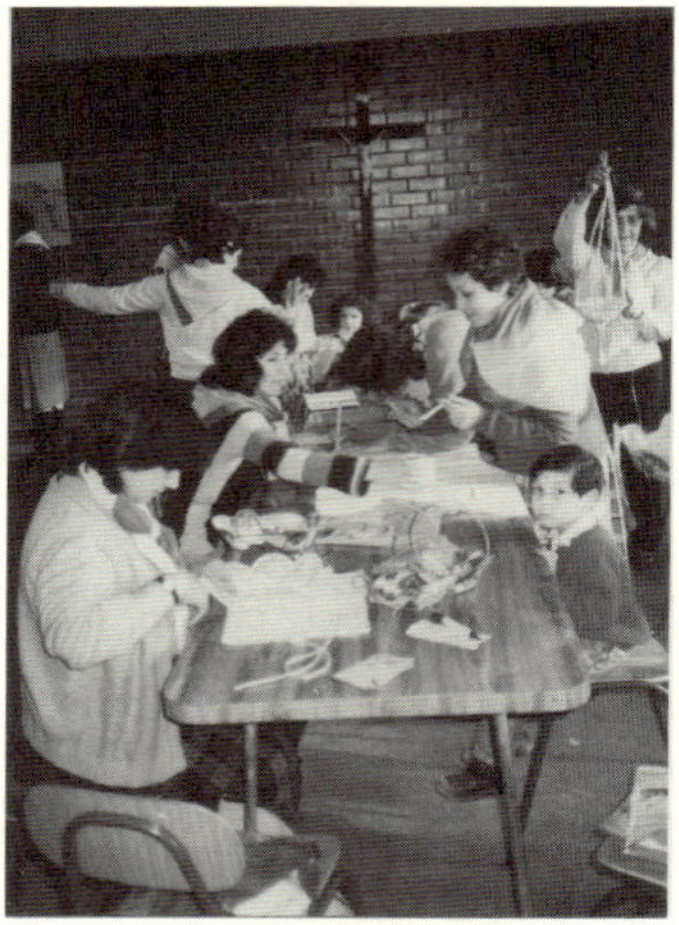

図11-1　手芸制作のグループ

私が敬愛するチリ人の歌い手ビクトル・ハラが残した作品集の中に、『ポブラシオン』というタイトルのLPレコードがあった。そこで留学中、私はサンティアゴ市内の南端に位置する、ラ・バンデーラという名のポブラシオンを訪れるようになった。中でも、特に強く私の心に深く刻まれているのが「ペーニャ」という音楽会での経験である。

ラ・バンデーラでは、住民が運営する草の根的な経済組織（図11-1）の資金集め等の目的のために、カトリック教会のホールで開催され、歌や演劇など、さまざまな演目が上演される、ペーニャという催しが頻繁に行われていた。演目の多くは住民自身の作品で、彼らが生きる現実をリアルに反映する上に、観衆のほとんども住民だったことから、作者や演者と観衆の距離が極めて近く、観衆のリアクションは強烈そのものだった（図11-2、図11-3）。

二度目にポブラシオンを訪れた際、初めてペーニャに参加した私は、知人の口添えで突然舞台に上げられ、歌うはめになった。そこで、多くのチリ人が慕うビオレタ・パラという女性歌手が、チリの伝統民謡トナダの形式で作った「ラ・ハルディネーラ」という失恋の曲を歌ってみることにした。

簡単な自己紹介を終え、恐る恐る、八分の六拍子と四分の三拍子が同時に進行するトナダのリズムを、ギターで刻みはじめると、会場の人たちが一斉に、一小節を「タッタ・タッタ」と二つに割

図11-3　ペーニャでの住民による演劇

図11-2　ペーニャでの住民による演奏

る独特の手拍子を打ち始めた。そして歌がサビの部分にさしかかると、大声を張り上げて一緒に歌ってくれた。

その様子を見た私の心には勇気が芽生え、ギターをかき鳴らす腕にも力が入り、より気持ちを込めて歌うことができた。それに合わせて人々の熱狂も高まって行った。こうして無事に三番まで歌い終えたとたん、耳をつんざく「ブラーボ」の叫び声と、割れんばかりの拍手が会場に沸き起こった。実際は百名位の人だったが、千名とも思えるほど迫力のある喝采だった。

前述の脳神経科学者レヴィンティンは、人は歌うとき「正直信号」を発すると指摘している。話すときよりも歌うときの方が「装う」のが難しい。歌うとき、人は思わず自分の真の姿をさらけ出してしまうのである。

この場合、私が発した「正直信号」は、「あなたたちの音楽が大好き」ということだ。そして、聴衆も同じ曲を口ずさむことで、「私たちの歌を歌ってくれてありがとう」という信号を投げ返してくれた。こうして、曲を歌うわずか三〜四分の間に、好感のキャッチボールが何度も繰り返されるのを私は感じた。歌い終えると、会場の全員が笑みに包まれていた。

地球の裏側から来た日本人の青年が、南米チリのスラムの人々に受け入れられた瞬間だった。その後、このポブラシオンに住み着いた私は、何度もペーニャで歌うことになったが、そのお陰で「チリの歌を歌う日本人」として住民たちから認知され、一年半にわたる「危険な」スラムでの生活を楽しく、無事に送ることができた。

## (2) ミイラ取りがミイラになる！

学術的な現地調査の場面でも音楽は威力を発揮してくれた。

この留学の際、私が研究していたテーマは「カント・ア・ロ・ディビーノ」（以下、「カント」と略）という、チリ中央部の農村地帯に伝わる伝統的な宗教民謡だった。カントは、イエズス会士が伝道の目的で先住民に歌わせていた、キリスト教の教義に関する歌謡を起源としている。(2)

サンティアゴ市内に住む、マヌエルさんという男性の歌い手のお宅を訪れたときのことだ。首都近郊のアクレオという農村出身のマヌエルさんは、いろいろなお話のあと「アクレオ節」という村のメロディーを、特殊な調弦を施したギターを用い、弾き語りで歌ってくれた。熱心に聞き入っていると、彼は突然私にそのギターを渡し、「弾いてみなさい」と言った。数分の間練習し、何とか弾き歌えるようになると、外国人の青年が村の歌を覚えたことを彼はとても喜び、その後も毎週のように私を自宅に招き、さまざまなメロディーを教えてくれた（図11-4）。

図11-4　マヌエルさん（右から二人目）のご自宅で

アクレオ村では、毎年五月末に、一三〇年以上の歴史を持つ「五月の十字架」という宗教儀礼が小学校の食堂で開催されていた。一晩中カントが歌われるこの儀礼に、留学

図11–5　アクレオ村の五月の十字架の儀礼で歌う

一年目の私は「観察者」として参加した。だが留学二年目、私はこの儀礼に「歌い手」として参加することになった（図11–5）。「ミイラ取りがミイラになった」というわけである。十字架を囲んで半円形状に着席した地元の歌い手たちに交じり、私も緊張しながら、事前にマヌエルさんが教えてくれた十字架に関する詩を歌った。東洋人の若者が地元の歌謡を歌う姿に、始め驚いていた他の歌い手たちや一般参加者たちも、すぐに笑顔に変わった。

夕方に始まった儀礼が一段落し、夜食の時間になると、歌い手たちは農村での生活や都市への移住、農地改革の実態など、さまざまな経験を私に語り、私も日本や家族のことを話したりして、とても話が弾んだ。もちろんカントの伝統や奥義に関する内容も、ごく自然に話題に上った。一見学術調査とは関係のない「ともに歌う」という行為が、我々の心を開いてつないだ。そして、「日本人対チリ人」とか「調査者対被調査者」という、非対等の関係は希薄となり、両者を隔てる垣根も低くなった。その結果、歌い手たちは、私が研究するテーマに直接的、間接的に関係するさまざまな貴重な情報を、惜しむことなく伝えてくれたのである。

こうして留学中に私は、各地で開催される宗教儀礼に、計十数回「歌い手」として参加した。「あんたはわしらの歌い手仲間だ。」そう言って歌い手たちは、いつも優しく接してくれた。こうしてともに歌い、心を通わせながら、楽しく調査を続けた結果、帰国後、カントの現状に関する論文を無事に書くこともできた。

## 3　国際協力の現場で歌う

「ともに歌う」という行為が、実践的な場面でも役立つことを経験したのは、それから一二年後、大学教員となっていた私が、国際協力の分野で活動した二〇〇〇年八月のことだった。

### (1)　住民が参加しない「参加型」プロジェクト

当時チリのある農村で、日本の協力により、ある開発プロジェクトが行われていた。それは、環境保全に役立つ「ゼロ耕起」という新しい技術、具体的には、トラクターが牽引する特殊な播種機で最小限の面積の地面だけを掘り起こし、種を植えるという技術の移転を目的としていた。(3)プロジェクトを担当していたのは、日本の協力機関に所属する専門家のチームと、受け入れ国側、すなわちチリの農牧業振興に関連する国家機関に所属する専門家たちだった。

このプロジェクトは「住民参加型」と銘打ち、住民の積極的な参加を前提としていた。ところが開始後一年以上が経過した当時、新しい技術は専門家が主体となって実践し、住民たちはただこれを消極的に傍観するという状況に陥っていた。

そして、その前年に私は、緑公団が企画した「参加型開発」に関する別のプロジェクトの社会学専門家として、近隣地区の社会調査を行い、そのときにこのプロジェクトの専門家たちとも知り合っていた。そうした経緯で、私は日本人専門家チームのリーダーから短期専門家に任命され、住民参加を促進する方法を考案すべく、現地で調査を行うよう依頼されたのである。

自分たちの「利益になる」はずのプロジェクトに、なぜ住民が積極的に参加しないのか？　その理由を知るには住民に心を開いてもらい、本音を教えてもらうしかない。だが、私に許されていたのは、実質上たった三週間で、ゆっくり人間関係を育んでいる余裕はなかった。

悩んだ挙句、私が思い付いたのが「現地音楽の活用」だった。

### (2)　踊り歌で住民とコラボする

百名ほどの地元住民と初めて顔を合わせた会合の場で、イチかバチか「クエカ」という踊り歌を演奏してみることにした。クエカはチリの国民舞踊で、男女のペアが白いハンカチを振りながら、恋愛が成就するまでのプロセスを表現する求愛ダンスである。

私があるクエカの前奏をギターでかき鳴し始めると、突然、会場にいた一組の年配の夫婦が

図11-6　住民集会でクエカを演奏する

図11-7　クエカを踊る住民の夫婦

前に姿を現した。そして歌が始まると、夫婦はハンカチを手に華麗なステップを踏みながら、円を描いたり交差したりして、見事に求愛物語を描いていった（図11-6、図11-7）。楽しそうに踊る夫婦を、他の住民たちもはやし立て、あちこちで大きな笑い声が上がった。

住民たちの楽しげな様子を目にして私もリラックスし、さらに気持ちを込め、「回って！」、「終わるよ！」など、クエカに特有の「合いの手」も入れながら、しっかり歌い終えることができた。やれやれと思った瞬間、今度は少し若い別の夫婦が前に出てきて、見事な踊りを披露し始めた。こうして二組目も踊り終えると、会場には拍手喝采が沸き起こった。住民も専門家たちも私も笑顔になっていた。

後で住民に聞いたところでは、ラジオを通じて広まった現代的な音楽の影響で、その村にはクエカの歌い手がいなくなり、長い間踊ることができずに寂しい思いをしていたのだそうだ。

### (3) 歌いながら進めた戸別調査

翌日からの戸別調査は面白いように進んだ。ギターを持参した私の姿を見ると、必ず「歌ってよ！」と声がかかる。そこでチリの民謡や日本の子守歌などを歌うと、住民たちはすぐに打ち解け「お茶にしましょう」と言ってくれる。そして、飲み物や食事をいただく間、プロジェクトに関して秘めていたさまざまな思いを、彼らは自発的に口にするのだった。

日本の援助に対する感謝、現地の専門家に対する不満、大型機械に依存する新しい耕作技術の問題点、問題克服のためのより現実的な代替案…、それは村人たちの生活の実態や経済的な状況、物的資産、人的つながり、現地の風習など、彼らが生きる現実に根差した目を開かれる話ばかりだった。

あとで現地の専門家たちに確認してみたところ、これらの意見やアイデアの多くは彼らの耳に届いていていなかった。なぜだろうか？

### (4) 「上から目線」によるコミュニケーションの阻害

一言で言うと、それはコミュニケーション不足の問題だった。チリや外国の大学院で農学を修めた現地の専門家たちは、高いプライドを持ち、「自分たちの方が住民より上だ」と考える傾向にあった。だから「もっといい解決策があるかもしれない」とか、「この点は住民に教えてもらうべき」など、住民を信頼して、彼らの知恵やアイデアを借りるという発想は希薄だった。

一方、こうした「上から目線」を感じていた住民たちは、専門家のことを「自分たちを低く見る高慢な人たち」とみなし、意見やアイデアを伝える気にはなれないでいた。

つまり両者の関係は、新しい知識を「与える専門家」とそれを「受け取る住民」という、一方通行的なものになっていた。自分たちを信頼しない専門家たちに対して、住民が心を閉じ、プロジェクトに積極的に参加する気になれないのは当然だった。

### ⑸　歌と踊りで心を開き合う

それでは私が行った、一見プロジェクトとは何の関係もない「踊り歌の演奏」という行為には、どんな意味があったのだろうか。

私は、住民たちが愛着を感じる踊り歌を自ら演奏することで、「あなたたちの持っているものは素晴らしい！」という「正直信号」を伝えた。そして住民たちも、踊ったりはやし立てたりしてこれに応えてくれた。こうして第二節で見た事例と同様に、外国人専門家である私と住民とを隔てる壁が低くなり、彼らはプロジェクトについて胸に溜めていたさまざまな思いを、自発的かつ積極的に私に伝えてくれたのである。

三週間後に開催された報告会で、私は住民から得た情報をもとに、「コミュニケーションの改善」の理念を軸に、住民参加を促進するための具体的な提案を行い、与えられた使命を無事に果たすことができた。「ともに歌い踊る」という一見取るに足らない行為が、国境や立場の違いを越えてわれわれの心を開きつなぐことで、国際協力という実践的な分野でも役に立ったのである。

## 4　大学の授業でともに歌い、つながる

留学中に音楽を通じた交流やその喜びを経験していたものの、帰国後に大学教員となった私には、当初、教育を始めとするアカデミックな現場で音楽が使えるとは思っていなかった。だが、試行錯誤を重ねるうちに、この思い込みが誤りであることに段々気づいていき、現在では授業・講演、あるいはシンポジウムに音楽を取り入れた試みであるコンポジウムなど、大学内外のさまざまな場面で音楽を積極的に活用している。(4)

以下、ある授業の例を見てみよう。

### (1)　「歌って学ぶ」授業

現在私が担当する授業の中に、「歌って学ぶラテンアメリカ」という一般教養の授業がある。ラテンアメリカの歴史や文化を学ぶことを目的としていて、文系から理系までさまざまな学部に所属する百数十名の学生が毎年受講している。

受講生の興味が多様であることを考慮し、この授業では概説書に書いてある全般的な説明は最小限にとどめ、これまで私がチリの人々と交わりながら見聞・調査した事柄、例えば、軍事政権下のポブラシオンの状況や先住民による権利回復闘争などのテーマについて、現地で収集した資料を用いながら、自分の実体験も含めて深く語ることにしている。

そして、単なる事実だけでなく、現地の人々の思いを共感的に理解してもらうために活用しているのが音楽である。毎回、授業の始めに、内容に関連するラテンアメリカの歌を弾き語りで歌う。

図11-8　授業で学生たちと演奏する

「弾き語る」といっても、単に「私が演奏し、学生たちが聴く」のではなく、受講生たちにも積極的に参加してもらっている。事前にゆっくり時間をかけて歌詞を練習した上で、一緒に歌ったり手拍子を打ってもらったりする。マラカス、シェイカー、タンバリンなど、簡単に鳴らせる楽器もその場で配り、好きなように演奏してもらう。リズム感に自信のある学生には、前に出てボンゴやジャンベなどの打楽器を一緒に演奏してもらう。毎回結成される即興バンドである（図11-8）。とは言え、「ともに歌う」という状況が簡単に、あるいは自動的に実現するわけではない。

最初のうち受講生たちは、興味と不可解さが半分半分といった態度である。本当に大学の授業で歌うのか？　教員だけが歌うのか、私たちも歌うのか？　歌うといっても時々で、まさか毎回歌う訳ではあるまい……。

受講生たちのこうした懐疑心を打破するために、私は最大限の努力を払う。普段より派手目の服装を身にまとい、ギターやギターを置くスタンド、そして譜面台を教壇の上に置き、大きな音を出しながらギターの調弦や試し弾きを済ませる。そして、三々五々集まってくる学生たちに、マラカスなどの打楽器を配って回る。「好きなように鳴らせば大丈夫」と伝えることも忘れない。こうして、授業前に「一緒に歌う・演奏する」という雰囲気を醸成しておく。

そして授業開始を告げるチャイムが鳴った直後、その回の授業で歌う歌について簡潔に解説し、さっそく練習に入る。サビの部分など、一緒に歌ってもらうスペイン語の歌詞の発音や歌い回しを何度か練習し、受講生たちが歌に慣れたところでいよいよ本番となる。

私は教室全体を見渡しながら、できる限り気持ちを込めてギターをかき鳴らし、そして歌い始める。また、時折「バモース！（レッツ・ゴー！）」とか「エッソー！（その通り！）」といったスペイン語での掛け声も、積極的に発して行く。すると、はじめ緊張し、手にした打楽器を振り鳴らすことに躊躇していた学生たちの表情が次第にゆるみ、手の振り方も次第に力強く大胆になって行く。そして、シャカシャカやタンタンという楽しげな音が教室内に鳴り響き始める。

そして曲がサビの部分に達し、いよいよ一緒に歌う段となる。興味深いことに、多くの受講生が下を向き、歌詞を目で追っている中で、教室のあちらこちらに、ちらほらと、満面の笑顔で食い入るように私の方を見つめ、大声で歌ってくれる学生が何名かいるのである。教室内に散在するこれらの「同盟者」の存在に後押しされ、私はよりリラックスしてギターを鳴らし、さらに気持ちを込めて歌うことができるようになる。一方、大声で歌う学生たちの姿を目にした他の受講生たちも安心し、「教室内で歌うなんてあり得ない」という「常識」をかなぐり捨てて歌に加わって行く。こうして、私も含め、各自が自分の感情に素直に身を委ねることで、教室中に大合唱の声、大合奏の音が響き渡ることになる。このような「場」の変容が、毎回授業中に起こるのである。そして、回を重ねるごとに、変容に要する時間はどんどん短縮されて行く。

それは、「ともに歌う」という作業を通じて、普段の生活ではなかなか触れることのない、「協働」の豊かさや「連帯すること」の力強さが、ささやかではあっても「実感」を伴って認識される一時である。

教室で百数十名の学生たちと大声で歌っていると、まるで軍事政権時代のチリの音楽会「ペーニャ」に瞬間移動したのではないか、と錯覚するほどの一体感が生まれ、毎回深い感動を覚える。「この授業でラテンアメリカを学ぶというより、この授業がラテンアメリカそのものであるように思った。」ある受講生はそうコメントしてくれた。

## (2)　現地の人々を励ます歌

授業で歌う歌謡の例を見てみよう。

これは留学生時代、私が住んでいたチリのポブラシオンの音楽会でも演奏されていた、「飛翔する鳩のように Alzando su vuelo」という歌で、ソル・イ・ジュビアという、別のポブラシオン出身のグループが作った作品である。

君が私を拷問する
私は悲しくなる
すると世界にテロル（恐怖）が広がる

軍事政権の当時、現地で起こっていた恐ろしい現実をリアルに描いた歌詞だ。だが人々は、ただ恐怖に怯えていたわけではない。歌詞は続く。

君が君自身を解放する
私も私自身を解放する
すると世界には愛があふれる

軍に拘束され、消息不明となっている夫や息子の行方を明らかにしようと、手を取り合って闘う家族の人たち、草の根的な経済組織を作り、生存維持のために奮闘する住民たち…。悲惨な状況の中でもあきらめることなく、これを打開するために歩んで行こうとする人々の力強い姿を、素朴で明るい長調のメロディーと、ゆっくり着実に刻む四拍子のリズムが効果的に増長し、印象づける。

過酷な現実を生きる人々の思いからさまざまな歌が生まれ、同じような状況を経験する無数の住民を励まし、生きる力を与え続けていた。当時ポブラシオンに住んでいた私は、こうした人々の様子を目にし、数々の歌をペーニャで聴き、そしてなぜか自分自身も励まされるように感じていた。

図11-9　ソル・イ・ジュビア

### (3)　歌詞と音楽で人と人とをつなげる歌

前述したように、私はチリ滞在中にさまざまな場面で、「歌」を通じて現地の人々と深く交わることが出来た。それはなぜだろうか。

そもそも「歌」は文字で表現した「歌詞」と（歌詞を除いた）「音楽」から成り立っている。そして、これら二つの構成要素は、それぞれが人の心に強く働きかける特質を備えている。

まず「歌詞」の方から見てみよう。歌詞は散文とは異なり、使える文字の数が、曲の長さや構成、メロディーを構成する楽音の数などによって制限される。また、スペイン語の歌のように韻を踏む場合には、使える言葉も限定される。したがって、特定の事柄について詳細に、具体的に、あるいは「正確」に説明することは難しく、短く象徴的な表現を使わざるを得ない。だが、まさに歌詞の持つこの「象徴性」あるいは「あいまいさ」こそが、聴く者の心に強く働きかける効果を生む。象徴的であるが故に、聴取者は、それぞれ自分の過去の経験や聴くときの心境に合わせ、自由に解釈しイメージを膨らませること、つまり積極的に参加することができるからである。(5)

聴き手は、作者が歌詞に込めた大まかなメッセージを感じ取りつつ、自身にとって意味のある、具体的なイメージを想起する。逆に言えば、個人的な経験や感情に浸りながら、作者の想いに共感する、つまり「つながる」ことができる。

さらに、音楽そのものの効果が加わる。

音楽心理学、音楽療法など、さまざまな分野における研究で、リズム・楽音の配列・調性・音の強弱・音質・楽曲構造など、音楽を構成する要素が、人間の生理的状態や心理状態に影響を及ぼすことが明らかにされてきた。(6)、(8)

また、言語が事実や考えを伝達するのに対し、音楽が特定の感情を伝え、あるいは引き起こし、聴き手に過去の出来事や特定のイメージを喚起させることに適した手段であることを、多くの研究者が指摘している。[1],[5],[7] 音楽そのものにも人の心に作用する力があるのである。したがって、歌詞と音楽が組み合わされた「歌」には、人の心に強く働きかけ、イメージを想起させることで、作者や演奏者と聞き手とをつなぐ力があると言える。

### (4) 歌で現地の人々に共感する

ラテンアメリカの歌に励まされていたのは、私だけではなかった。

授業で現地の歌謡を歌うことが、受講生にとってどんな意味があるのかを知るため、今年度の期末試験で「授業で歌った感想を自由に書いてください」という質問を出してみた。すると、さまざまな興味深い回答の中で、共通して多かったのが、①現地の人々に共感できた、②教室のみんなとつながれた、③現地の人々とつながれた、という三種類のコメントであった。

まず①に関連するいくつかのコメントを見てみよう。

「自分が歌うため受け身ではなく、自らが思い描くイメージや歌う際に感情が生まれてきて、作者から伝わるものと自分の中に芽生えるものとが相乗効果となり気持ちが高揚します。実際に自分が歌ってみて歌から流れ込んでくる意思を感じ、作者やその状況に思いをはせました。」

「私達はある国の経済、地理、文化などについて多くの情報を手に入れることができるが、それで現地の人々の気持ちや雰囲気を感じられるわけではない。そのような認識はつめたくて平面的なものだと思う。現地の曲を歌ったり、演奏したりすることによって、そのリズムに含まれている感情や気持ちも共感できるようになって、認識も豊満になっていく。異なる個体乃至《ないし》集団に対しての理解は、そこから生まれるのではないか。」

「そのような音楽を実際に自分が歌ってみることで、文字の資料では理解できなかったことがわかったような気がします。例えば、軍事政権時代のラテンアメリカでは苦しんだ人が多くいたということは知っていたけれど、それは単なる知識にすぎないものでしたが、実際に自由を求める歌を聞いて、歌ってみると当時の彼らの苦しみや思い、願いなどがひしひしと胸に伝わってきました。」

「ラテンアメリカの人々の、虐げられた歴史を持ちながらもまっすぐに前を向いて希望を歌う姿勢に思わず泣きそうになった。……この授業で実際に曲を歌うことで、ラテンアメリカの人々の痛みや強さ、希望をより近くで、自分のことのように感じることができ、さらに自分自身への理解も今までの何倍も深めることができた。」

日本から離れた地域の、全く異なる状況の中で生まれた歌であるにもかかわらず、実際に歌ってみることで、言語的説明では伝え切れない、現地の人々の心情や考えに思いを馳せ、共感できることを、これらのコメントは物語っている。

## (5) 歌で教室のみんなとつながる

一方、「ともに歌う」ことは、同じ教室にいる我われ、すなわち、教員である私と学生たち、そして学生たち同士の関係に、あるポジティブな変化を引き起こしていた。以下いくつかのコメントを見てみよう。

「音楽という媒体を通して、先生と生徒、知人と他人の隔たりが、少し薄れ、同じく音楽を楽しむ人となれたと考えます。」

「実際（筆者が行った）私たちとのアイコンタクトや声量の大小によって、歌っている最中にしかない細やかなコミュニケーションがとれていることに気づきました。」

「歌を歌っていたらすごく気分が明るくなるし、一体感が生まれて、教室中の皆と友達になったような感覚になりました。」

「大学の授業なので、周囲の人はほとんど見ず知らずの人、まして学年も専攻も違う人ばかりだ。しかし、そんな環境でも皆で音楽を演奏したり合唱したりするととても一体感を感じたのだ。……まさに音楽が人に一体感を与え、コミュニケーションを促進した時間だった。」

「マラカスを振ったり、打楽器の演奏を聴いていると、自然とクラスに一体感があるような感じがして、より一層声も出るしテンションもどんどんあがってくる。…それ（音楽）は人を楽しませるだけではなく、歌でコミュニケーションをとり、一致団結させていく力を持っている。」

「人と人とをあたたかく、優しくつなげる接着剤的な役割を、「一緒に歌をうたう」という行為が果たしうると思う。」

ラテンアメリカで私が幾度となく経験したように、「ともに歌う」ことによって一体感が生まれ、教室という空間を共有する我々の間に仲間意識を芽生えさせていたことがわかる。

### (6)　歌で現地の人々ともつながる

さらにこの仲間意識は、教室にいるわれわれの間にとどまらず、地理的にも時間的にも遠く離れた現地の人々にまで及んでいた。以下、いくつかのコメントを見てみよう。

「音楽に参加している間は、自分が当時のラテンアメリカ社会に同化しているような感覚さえあった。」

「音楽を通じてその土地の人々と、そして一緒に歌い演奏する仲間と心を通わせられたという感覚は、歴史的事実をまるで経験したかのように心に残してくれた。」

「なぜか行ったこともないラテンアメリカの空気を少し吸ったような気持ちになります。」

「その曲の背景にいる人々とまで心を通わせたような気持になっていた。」

「歌っている間に自然にラテンの魂が私の中に入り込んできたものと信じています。」

「その音楽の作曲者、作詞者演奏者と一体化したような気持になるのだな、と思いました。」

「私自身もラテンアメリカの人々そのものになったかのように感じられると私は思った。」

「ラテンアメリカの人々の思いを、自分が皆と歌うことで、本当に、苦しみや悲しみを背負うラテンアメリカの人々と一体化し、叫ぶことができたのだと感じる。」

現地の歌を実際に歌うことで、遠く離れ、行ったこともないラテンアメリカの、会ったこともない人々の心に触れ、そして彼らと「つながれる」、そのように感じた人が少なくなかったことがわかる。

「きっと当時の軍事政権反対派の人たちもこのような歌を一緒に歌うことで、仲間意識を高め、あるいはそれを心の支えにして時代と闘ったのではないだろうか。」

ある受講生はそうコメントしている。

## 5　おわりに

中学生のときにビートルズを聴いて覚えた興奮、ラテンアメリカ音楽の虜になった大学院時代。そして、自分の心が「感じる」ままに練習を続けたギターと歌。そのギターと歌を使い、南米チリをフィールドとして活動を続ける過程で、スラム地区での音楽会、農村での学術調査、開発プロジェクトなど多様な機会に、現地の人々との間に絆を築く上で、音楽が大きな力を発揮することを私は学んだ。そして現在では、授業やコンポジウムなど大学内外の多様な場で、学生や教員の皆さん、そして一般の方々と一緒に歌い演奏することで、ともにさまざまな「他者」に共感したり、つながったりできている。

今やわれわれの生活の隅々にまで浸透した音楽。単なる娯楽の手段と思われがちな音楽だが、実は社会のさまざまな場面で実践的な役割を果たす可能性を秘めている。グローバル化が進み、さまざまな人々が国境を越えて移動することが日常化している。その現代社会において、音楽は、民族や国境、あるいは社会的な立場や属性の異なる人々の間に、共感を媒介とする「しなやかな絆」を育み、すべての人が自分らしく、豊かに生きられる共生社会の構築に寄与する技法として、さまざまな場面で役立つことが期待される。

言葉を尽くし、理屈を立てて物事を進めることも大切である。だが、心で何かを「感じる」こと、そして「感じる」ことを信じて行動してみることもまた、人生に彩を添えたり、人と人との間に豊かな関係をもたらしたりしてくれる。人間の行動や心理、そして社会のしくみやあり方について、理性と感性の両方を駆使して多様な視点から研究し、実践に生かす「共生学」、そして「人間科学」は、これからますます重要になっていくであろう。

## 引用文献

（1）アイエロ・リタ（二〇〇八）：第二章　音楽における情動と意味．アイエロ・リタ（編）（大串健吾訳）『音楽の認知心理学』四六‐七一　誠信書房

（2）千葉泉（一九八八）：チリにおける宗教民謡、「カント・ア・ロ・ディビーノ」――スペイン「教養」詩の詩型を同化したチリ農民――．東京外国語大学大学院地域研究研究会『地域研究』六、七五‐一〇六

（3）千葉泉（二〇〇〇）：チリにおける農業と国際協力．坂井正人・鈴木紀・松本栄次（編）『朝倉世界地理講座――大地と人間の物語　一四――ラテンアメリカ』四二八‐四三六　朝倉書店

（4）千葉泉（二〇一八）：「音楽を通じた「実感」としての共生経験：先生方とともに創り上げたコンポジウム」、『共生学ジャーナル』二、一六七‐一八一

（5）レヴィンティン・ダニエル・J（二〇一〇）：『「歌」を語る　神経科学から見た音楽・脳・思考・文化』ブルース・インターアクションズ

（6）村井精児（二〇一七）：『音楽療法の基礎』音楽之友社

（7）須藤貢明・杵鞭広美（二〇一二）：『音楽表現の科学：認知心理学からのアプローチ』アルテスパブリッシング

（8）山崎晃男（二〇一六）：「音楽と感情」星野悦子（編）『音楽心理学入門』一三七‐一六一　誠信書房


## 参考曲

本章の内容に関連し、授業やコンポジウム等でも演奏している筆者のオリジナル曲が、You Tube にアップさ

れています。ご興味のある方は、是非下記のＵＲＬよりご視聴ください。

【Monitos de Awaji（淡路島のおさるさん）】コリードというメキシコの物語歌風のリズムに乗せ、淡路島に生息する日本ザルの共生的行動をスペイン語の歌詞で描いた作品。
https://www.youtube.com/watch?v=DLHmbEntMaU

【それでも桜は咲く】東日本大震災直後に、宮城県仙台市生まれ・育ちの兄の依頼で創作した復興応援歌。南米アンデス地方の楽器（ケーナ、サンポーニャ）も用いられています。
https://www.youtube.com/watch?v=fR4v5Jk-bGc

【Aun así el cerezo florecerá（それでも桜は咲く）】「それでも桜は咲く」のスペイン語版。アルゼンチン人歌手ソフィア・トセッロさんが、第二声を担当してくださっています。
https://www.youtube.com/watch?v=y7swyAUKmg4

なお、You Tube のＨＰで、検索スペースに曲名を入れていただいても視聴できます。

# 参考図書

・ダニエル・J・レヴィンティン（二〇一〇）（山形浩生訳）『「歌」を語る　神経科学から見た音楽・脳・思考・文化』ブルース・インターアクションズ

音楽の起源を、人類の進化の過程との相互作用という視点から捉え、歌謡を友情・喜び・慰め・知識・宗教・愛の六つに分類した上で、それぞれの機能を、脳神経科学の成果を駆使しながら解き明かしている。

・P・N・ジュスリン、J・Aスロボダ『音楽と感情の心理学』（二〇〇八）（大串健吾・星野悦子・山田真司監訳）誠信書房

音楽と感情の関係をテーマとした論文集。音楽が人間にさまざまな感情を喚起させるメカニズムを、知覚や認知といった客観的に計測しうる側面と、体験者による主観的評価の両方の側面から明らかにしている。

・ドロシィ・ミール、レイモンド・マクドナルド、デーヴィッド・ハーグリヴズ『音楽的コミュニケーション　心理・教育・文化・脳と臨床からのアプローチ』（二〇一二）（星野悦子監訳）誠信書房

コミュニケーション・ツールとしての音楽をテーマとし、プロの音楽家から子供まで、幅広い音楽実践者を対象に、音楽が発生する文脈や関係者の相互作用など、多様な学術的視点や方法にもとづいて検討している。

# あとがき

「感じる」をめぐる長い旅が終わった。脳のなかでコンマ数秒の間に生じる現象から、地球の裏側の国と日本の大学教室での時空を超えた関係まで、さまざまなテーマを駆け足でながめてきた。

雑多でまとまりがないという印象を抱いたかもしれない。そうだとしたら、本書を編集した甲斐があったといえる。どんなにまとまりがなくとも、これらはすべて「人間」にまつわる現象である。私たちが人間科学として取り組んでいるものの正体は、まさにこのような人間の多面性と重層性である。そのことに気づいてもらえたらうれしい。

人間科学のそれぞれの研究分野では、一つの側面に絞り込んで、できるだけ単純で矛盾のない説明を心がける。それが科学のあり方だからだ。その一方で、「この方法ではカバーしきれない人間の側面がある」という事実にはっきり気づいていることも、人間科学を進める上では欠かせない。だから、異なるアプローチを排除せず、弱い連携をもって共生するのだ。自分にはできなくても、違う立場から、きっと誰かが研究を進めていてくれる。いつかは合流して人間の全体像を描きだすことになるだろう。そう信じる気持ちは、人間を多面的・重層的に捉える思いにもとづいている。

「感じる」というのは、良いか悪いかを判断することではない。周囲で起こっていることをありのままに意識し、はっきりと気づくことである。最近はやっている「マインドフルネス」という言葉がある。これは無念無想の状態とは違う。自分の身体の内外でいま起こっていることにおだやかに意を注ぎ、心をそれで満たした状態のことである。身体に痛みがあれば「痛いな」と素直に感じ、悩みがあるなら「心身がつらいな」と素直に気づく。そして、その思いにとらわれず、川を流れる木の葉のようなものとして見送っていく。

私たちはどうしても、良いとか悪いとか、すべきだとかすべきではないとか、常に判断してしまう。無理もない。学校でも職場でも、すばやい判断がきわめて重視されるからだ。でも、判断を優先すると、自分にとって不都合な事実は無視してしまうことになる。

まずは、状況をありのままに素直に感じることに全力を注いでみる。そこにあるのは、矛盾を抱えながらも、確かに存在している世界である。誰が何と言っているか、何が正しいかといったことは脇において、まずは自分で素直に感じるところからスタートしてみよう。

本書を通して伝えたかったことは、この一点に尽きる。「自分が感じる」というと簡単に聞こえるかもしれないが、この力は養い育てていく必要がある。音楽を聴いたり、絵画を見たり、小説を読んだり、映画を見たりすることも、訓練になる。日々を何気なく過ごすのではなく、「自分が何を感じているか」に敏感になってみよう。

ＡＩが支配的になる未来の世界であっても、私たち一人ひとりの「感じる」という体験は奪われない。いや、奪われないようにしないといけない。自分自身や自分と関わる人、社会、これからの世代の人たちを守り育てていくためにも、「感じる」ことをもっと大切にしてみよう。

本書を編集するにあたり、執筆を引き受けてくださった各章の筆者のみなさんには深く感謝している。多忙のなか、数回に及ぶ改稿に快くご協力いただいた。また、中道正之委員長、白川千尋副委員長をはじめとするシリーズ編集委員会の先生方、大阪大学出版会の川上展代さんと板東詩おりさんには編集作業を進めるときに大変お世話になった。全体の構想から用語の使い方にいたるまでの的確なアドバイスがなければ、刊行にはたどりつけなかった。ここに記してお礼を申し上げたい。

責任編集者　入戸野　宏・綿村英一郎

# 索　引

鈴木　彩加（すずき・あやか）

大阪大学大学院人間科学研究科・助教。専門は社会学、女性学。

〈主な業績〉

鈴木彩加（2017）.「行動する保守」運動における参加者の相互行為とジェンダー：非－示威行動の場での参与観察調査から.『フォーラム現代社会学』16, 29-42.

鈴木彩加（2011）. 主婦たちのジェンダーフリー・バックラッシュ：保守系雑誌記事の分析から.『ソシオロジ』56 (1), 21-37.

孫　美幸　（そん・みへん）

大阪大学大学院人間科学研究科・講師。専門は平和教育、多文化共生教育。

〈主な業績〉

孫美幸（2017）.『日本と韓国における多文化共生教育の新たな地平　包括的な平和教育からホリスティックな展開へ』ナカニシヤ出版

孫美幸（2017）.『境界に生きる　暮らしのなかの多文化共生』解放出版社

千葉　泉（ちば・いずみ）

大阪大学大学院人間科学研究科・教授。専門はラテンアメリカ地域研究、音楽的コミュニケーション、「自分らしさ」活用学。

〈主な業績〉

千葉泉（2005）. 祝祭から昇華儀礼へ：チリ中央部における幼児葬礼の変遷.『大阪外国語大学論集』31, 1-27.

千葉泉（2018）. 音楽を通じた「実感」としての共生経験：先生方とともに創り上げたコンポジウム.『共生学ジャーナル』2, 167-181.

寺口　司　（てらぐち・つかさ）

大阪大学大学院人間科学研究科・助教。専門は社会心理学。

〈主な業績〉

Teraguchi, T., Kugihara, N. (2015). Effects of labeling and group category of evaluators on evaluations of aggression. *PLOS ONE*, 10 (12), e0144384.

寺口司・釘原直樹 (2013). 攻撃抑止における第三者の重要性. 『対人社会心理学研究』13, 71-81.

中井　宏　（なかい・ひろし）

大阪大学大学院人間科学研究科・准教授。専門は交通心理学、産業心理学。

〈主な業績〉

中井宏・岡真裕美・臼井伸之介・森泉慎吾 (2018). 小学生に対する安全教育プログラム「ひなどり」の開発と実践：学校内での負傷予防を目指して. 『安全教育学研究』17(3), 33-46.

Nakai, H., Usui, S. (2017). How do user experiences with different transport modes affect the risk of traffic accidents? From the viewpoint of licence possession status. *Accident Analysis and Prevention*, 99, 242-248.

綿村　英一郎　（わたむら・えいいちろう）

大阪大学大学院人間科学研究科・准教授。専門は社会心理学。

〈主な業績〉

Watamura, E., Wakebe, T., Karasawa, K. (2014). The influence of improper information on Japanese lay judges'determination of punishment. *Asian Journal of Criminology*, 9, 285-300.

Watamura.E., Saeki. M., Niioka. K., Wakebe. T. (2016). How is the death penalty system seen by young people in Japan? ──An analysis of a survey of university students──. *Advances in Applied Sociology*, 6, 29-35.

Kitamura, A., Naito, H., Kimura, T., Shinohara, K., Sasaki., T., Okumura., H. (2015). Comparison between binocular and monocular augmented reality presentation in a tracing task. *Journal of the Institute of Image Information and Television Engineers*, 69 (10), J292－J297.

青野　正二　（あおの・しょうじ）

大阪大学大学院人間科学研究科・准教授。専門は環境行動学。

〈主な業績〉

青野正二（2011）．人間の心と環境．澤木昌典編著『はじめての環境デザイン学』理工図書，28−38.

森長誠・青野正二・桑野園子（2005）．都市基幹公園における利用者の喧騒感に関する研究．『騒音制御』29，292−302.

富田　瑛智　（とみた・あきとし）

大阪大学大学院人間科学研究科・助教。専門は認知心理学。

〈主な業績〉

富田瑛智・松下戦具・森川和則（2013）．部分遮蔽刺激を用いたアモーダル補完時の単純接触効果の検討．『認知心理学研究』10，151−163.

Tomita, A., Yamamoto, S., Matsushita, S., Morikawa, K. (2014). Resemblance to familiar faces is exaggerated in memory. *Japanese Psychological Research*, 56, 24−32.

上野　将敬　（うえの・まさたか）

大阪大学大学院人間科学研究科・助教。専門は比較発達心理学。

〈主な業績〉

Ueno, M., Nakamichi, M. (2018). Grooming facilitates huddling formation in Japanese macaques. *Behavioral Ecology and Sociobiology*, 72, 98.

Ueno, M., Yamada, K., Nakamichi, M. (2015). Emotional states after grooming interactions in Japanese macaques (*Macaca fuscata*). *Journal of Comparative Psychology*, 129, 394−401.

**執筆者紹介**（執筆順）

入戸野　宏　（にっとの・ひろし）

大阪大学大学院人間科学研究科・教授。専門は実験心理学，認知心理生理学。

〈主な業績〉

入戸野　宏（2005）.『心理学のための事象関連電位ガイドブック』北大路書房

Nittono, H. (2016). The two-layer model of “kawaii”: A behavioural science framework for understanding kawaii and cuteness. *East Asian Journal of Popular Culture*, 2, 79–95.

北村　昭彦　（きたむら・あきひこ）

大阪大学大学院人間科学研究科・助教。専門は認知心理学、ヒューマンインタフェース。

〈主な業績〉

Kitamura, A., Naito, H., Kimura, T., Shinohara, K., Sasaki, T., Okumura, H. (2014). Distribution of attention in augmented reality: Comparison between binocular and monocular presentation. *IEICE Transactions on Electronics*, E97-C (11), 1081–1088.

**編者紹介** ＊ 主な業績は執筆者紹介に記載

**入戸野 宏** 大阪大学大学院人間科学研究科・教授

神奈川県横浜市生まれ。1998年大阪大学大学院人間科学研究科博士課程修了、博士（人間科学）。広島大学大学院総合科学研究科・准教授を経て、2016年から現職。2010年から国際心理生理学機構（IOP）の理事・事務局長を務める。25年以上にわたり、ヒトの脳波や自律神経系活動、表情筋筋電図などを測定し、主観体験や行動との関係を調べる研究に従事する。最近は、「かわいい」という感情に注目し、アンケート調査や心理学実験といった手法を組み合わせた幅広い検討を行っている。実験心理学の産業・工学応用に関する取り組みも進めている。

**綿村 英一郎** 大阪大学大学院人間科学研究科・准教授

神奈川県三浦市生まれ。東京大学文学部卒。東京大学大学院人文社会系研究科博士課程修了、博士（心理学）。東京大学大学院人文社会系研究科・助教を経て現職。「法と心理学会」理事。研究テーマは量刑判断およびその関連テーマ（認知バイアス、道徳的判断、集団の意思決定など）。研究では、本番さながらの模擬裁判実験を行うなど、現実の刑事裁判に還元できるような科学的知見を追求している。

シリーズ人間科学 3

感じる

発行日 2019年3月29日 初版第1刷 〔検印廃止〕

編 者 入戸野 宏・綿村 英一郎

発行所 大阪大学出版会
代表者 三成賢次
〒565-0871
大阪府吹田市山田丘2-7 大阪大学ウエストフロント
電話：06-6877-1614（代表） FAX：06-6877-1617
URL http://www.osaka-up.or.jp

カバーデザイン 小川順子
印刷・製本 株式会社 遊文舎


ISBN 978-4-87259-620-5 C1330